台灣俗諺語典

卷一◎台灣俗諺的人生哲理

陳主顯 著

給我的孩子：

祖傳秘方，烏糖攪米糠！

　　　------------------看文化

牛有料，人無料！

　　　------------------想人生

卷一・人生哲理

自序　　　　　　　　　　　　　　　　　　　　　**1**

使用說明　　　　　　　　　　　　　　　　　　　**13**

羅馬字標音和發音　　　　　　　　　　　　　　　**19**

概說　　　　　　　　　　　　　　　　　　　　　**25**

第一章　人、人生　————————————————　1

第一節　人是什麼？　　　　　　　　　　　　　　*3*

第二節　查埔和查某　　　　　　　　　　　　　　*21*

第三節　生與死的沉思　　　　　　　　　　　　　*36*

第四節　冥想人生　　　　　　　　　　　　　　　*55*

第二章　人生階段　————————————————　69

第一節　可愛的幼童　　　　　　　　　　　　　　*71*

第二節　青春的少年家　　　　　　　　　　　　　*78*

第三節　緊張的年代　　　　　　　　　　　　　　*87*

第四節　悲情的老人　　　　　　　　　　　　　　*94*

第三章　生涯境遇　————————————————　117

第一節　貧富之間的深淵　　　　　　　　　　　　*119*

第二節　衰：種豆得瓜　　　　　　　　　　　　　*157*

第三節　禍福難測的人生　　　　　　　　　　　　*173*

第四節　生涯甘少苦多　　　　　　　　　　　　　*191*

本卷索引 ——————————————————————— *207*

　一、發音查句索引　　　　　　　　　　　　　　*207*

　二、筆劃查句索引　　　　　　　　　　　　　　*224*

　三、語義分類查句　　　　　　　　　　　　　　*232*

自序

臺語情・俗語緣

俗語說：「時到，花便開！」在您手中的這本《台灣俗諺語典》，也是像花一般，須要一定的孕育期間，等到時候滿足，才能夠開放。雖然，「花生一春」，但這本書卻是經過許多春秋才能和大家見面的，因爲她須要成熟的臺語感情來培養，須要一定的機緣來推動，來實現。現在，就讓我把個人有些特別的臺語情，和珍貴的俗語緣寫出來，藉以反映在臺灣政治文化轉變期中，一個臺灣人學習臺語，講臺語，寫臺諺的「故事」。這樣的「自序」，或許值得看一看。

在我誕生的那個時代，臺灣人的家庭可大別爲，認同大日本帝國，一心勵行講日語的「國語家庭」，以及繼續堅持做爲臺灣人，講臺灣話的「臺語家庭」。我就是出生在講福佬話的臺語家庭裡，父母都是用臺語來進行家庭教育的。自從我上幼稚園的時候，慈愛的阿母就教我背誦《三字經》、《昔時賢文》、《弟子規》等等，舊時代的格言慧語。阿母平時常給我講解俗語，像「積穀防飢，養兒待老」，「路遙知馬力，事久見人心」的古諺；在特殊情況下，俗語還是她的教材：當我對長輩「失禮」的時候，她總是用「著互千人呵咾，唔通互一人嫌！」一類的俗語來規勸我；發現我偷抽老爸的香煙時，也有「細漢偷挽匏，大漢偷牽牛！」的警戒。當然，那時我對這些俗語，有的是一知半解的，但是久而久之，耳熟能詳，心

生喜愛，腦裡的詞庫也就存了許多諺語檔案。無疑的，阿母如此這般的諺語教育，使我少年的行動有了規範，也養成我一生對俗語有興趣。

除了我的「臺語家庭」之外，自幼就出入於「臺語教會」，因為在阿母四十二歲懷我的時候，她和老爸把我奉獻給上主，要我去完成他要當牧師而未能實現的志願。於是，從我安居在母親的子宮之日開始，他們就對我進行著宗教教育。在會聽話的年紀，老爸在每個禮拜天，就牽著我的小手，有時扛我在他的肩頭上，一起上教堂，唱臺語聖詩，讀臺語聖經，聽臺語講道，做臺語的禮拜。小孩聽不懂牧師講的大道理，倒是對好幾代的牧師唸的漢詩，引用的四書、五經的名言、故事，來支持基督福音頗有印像。他們也常用「正字」、「正音」來改正教友的誤讀，如「會計」是koé-kè不是hoē-kè；「艦隊」，不是kàm-tuī，而是lām-tuī等等，有所受教。他們的證道詞常有精彩的臺灣俗語，如「一枝草，一點露」，「塞翁失馬，焉知非福」。這種夾帶故事、名言、諺語，又是相當正式的，美麗的臺灣話，就是我臺語的基礎教育。

還有，父母也督促我上主日學。我小時候的主日學是教臺語的，我們跟著老師來 "a, á, à, ah, â, ā, a̍h" 地學「呼音」；記一些 "im, ip; un, ut; ang, ak" 的「變調」。我們聽的故事，背的經文，都是沒有「話粕」，沒有「話屎」的臺灣話。到了少年時期，團契的朋友都已經會講一口明淨的臺灣話了，偶而還會模倣牧師講過的那些俗語來「講道」，來互相「消遣」！記得，有一年，我們的團契舉辦「臺語講道比賽」呢！題目是「地上的鹽」。結果，群英相讓，給我撿到一面金牌。回想這些學習臺語的往事，使我意識到：雖然是母語，還是須要學習，要訓練；母語不是自然就能夠說得

正確，漂亮，乃是要有明確的規範，自由，快樂的講說環境來培養的。還有，健全的母語經驗，對於一個人將來學習其他語言的心理適應和學習能力，是很有幫助的。每當我憶及小時候學講臺語的情形，心裡就充滿快樂和感謝。

當然，「國語」是我中小教育的工具語言，其重要性不言可喻。但我所學得的「國語」是臺灣轉型期的產物：除了一學年的日語，又一學年的臺灣漢語的小學以外，我的中小學老師大都講「臺灣國語」和大陸的「方言國語」。臺灣老師在「光復」當初，現買現賣地教我們「玻、波、摸、喝」；很好，「師」和「書」不必細分，「蜘」和「蛛」也沒有什麼不同；最高興的是，沒有咬牙結舌的京片「兒」。至於，新來的外省老師，講的話真是難懂至極，他們的「方言國語」是「鞋子」就是「孩子」，「攀援莖」變成「八路軍」。雖然校方明令嚴禁講「方言」，不准說「閩南話」，但除了國文老師和教官之外，本省老師在重要的「傳道、解惑」關鍵上面，還會插用臺語講解；好多生活的、感性的話題，是母語才能傳神交心的！當然，休息時間，臺灣同學自動解禁，嘻笑的、喊叫的都是「方言」！奇怪！幾乎所有的外省同學不講臺語，偶而被臺灣同學逗了破戒，講幾句「國臺語」方言，大家就爽歪歪了。

在這時期，「反攻大陸」一類的標語，和中國的修身格言，塗滿所有醒目的牆壁，連教室也逃不掉「有志者事竟成」一類格言的污染。太多的口號，過高的道德，令人麻痺；引起我注意的，倒是一些有趣的中國諺語，像「老太婆的裹腳布──又臭又長。」「三個臭皮匠，勝過一個諸葛亮。」「葫蘆裡，賣的是什麼膏藥？」這一類的俚諺，我記了不少。記得在週記上，我曾試用了「老太婆的……」來形容週會無聊的精神訓話，結果賺得導師「傲驁不馴……」的評

語，以及一頓認罪，一場悔改。總之，中小學的年代是我抑壓臺灣話，但好奇又認眞地地學習中國語文的時期。結果，我的作文簿上面，被國文老師寫下好多「文清意達，佳作也！」可惜，在這時期，我的阿母不再跟我講臺灣俗語，唸昔時賢文了！

後來，因爲我那相當特別的專業教育，使我的母語更上一層樓。我讀的是台南神學院，神學本科。除了在東海大學進修的一年用「國語」以外，十之八九是用臺語上課的。學院的晨禮晚禱，同學的交誼，都是用臺灣話。這時期的臺語，是相當「思想性」、「象徵性」的神學、哲學、文化的語言。印象深刻的是，臺灣籍的教授們個個都能把深奧的神學思想，用清楚又漂亮的臺語來講課，有時還會應用令人難忘的臺灣俗語呢！例如，院長黃彰輝博士就曾用過「海枯將見底，人死不知心」，生動地引導我們進入「認識能力的有限性和啓示的必要性」的神學論題。且別說黃院長的外語有多麼厲害，他的臺語是「一流婿」的，口才是公認的「雄辯」牌。眞讚哦！還有，繼任的宋泉盛博士的臺語另有特色：句法嚴密，修辭華麗，有許多限定的、條件的、補足的子句，來形成十足文學的，神學的臺灣話長句。但他精彩的講義，卻是很難做筆記的，因爲要轉化精密的語言，成爲摘記的要點，談何容易，何況值得記的又是那麼多！宋老師開了神學臺語的新局面，在南神風靡了好多年。這也是我的機緣和福氣！如此臺語環境，一浸就是五六年。

臺灣人要講正確、有力的臺語，不簡單，而外國人要學到「四」「死」不同調，「義」「羲」有別，「來阮兜迌迌！」是「再見！」非「邀請」的程度眞是太困難了。然而，令人感動的，有些英國教授，例如，安慕理博士(Dr. Boris Anderson)、彌迪理博士(Dr. Daniel Beeby)的臺語

能力，竟然好到會講俗語的地步！後來，在臺灣長老教會，南北二神學院執教的外籍老師，除了年齡太大或已經通曉「國語」以外的，都是心甘情願的「苦讀」臺語，而且幾乎全部學到能言善道的地步。他們如此謙卑學習臺灣話，以支持校方認同本地、尊重本土文化的一貫原則和立場，真是可敬。應該提出來談的，在國府禁止臺灣話，壓制臺灣意識之下，台南神學院能夠維持此種母語講課的風格，在臺灣的教育史和文化史上，應該有其特殊的意義才是。最近有人說，台南神學院是保留臺灣話的大本營；這樣講，雖然難免有誇張之嫌，但究竟有幾分事實！回想在南神求學期間，我最大的收穫之一是，把社會生活語言的臺語，更上一層樓地，訓練成思考和表達抽象世界的符號！同時，眼見外籍老師學習本地語言的優美態度，使我對臺語更有「信心」，對臺灣所有的語言知所尊重，對外國語言保持學習的興趣。

六十年代的台南府城，一般社會人士講臺灣話的情形遠比首都台北市普遍而活潑。這時期，我不但學習「學院式」的臺語，也吸收了府城的大眾臺語和腔調。另一方面，我也注意聆聽府城人的智言慧語，記了不少本地可愛的諺語，例如：

> 鹿耳門寄普！
> 台南迎媽祖，無奇不有。
> 妳若要閒，著嫁來安平！
> 草地人驚掠，府城人驚食。
> 食著長女水，無肥也會嬌！
> 〔錢〕若要討，等候到番仔樓倒。
> ．．．．．．．．．．．．．．．．．．．

然而，在神學院這幾年，臺灣俗語不是我注意的題目，但因

爲修習邱明忠博士的「智慧文學」，我做了一篇「古以色列人的智慧文學運動的探討」學期論文，得到邱老師許多鼓勵，使我對古以色列的「格言俗語」產生了濃厚興趣，曾一度注意比對過《箴言》和臺灣俗語的異同。這種對聖經古諺的興趣和用功，乃是學院時代一項重要的學習。也許，這樣的興趣，跟我的阿母也有所關聯吧？在我幼年時，她也常用「敬畏耶和華是智識的根本」來教訓我，雖然我未能做到如此崇高的庭訓。

社會生活的臺語是相當活潑可愛的，我在教會工作中有鮮明的印象。神學院畢業後，我在台南縣玉井、新化、台南市東門教會牧會，這都是講臺語的臺灣基督長老教會，所以我有機會認識這些地區特有的臺灣語彙和發音。同時，教友中有不少「南北二路」的成員，也有澎湖、臺西、以及戰後遷臺的廈門教友，他們融會出新的臺灣話。在這樣的語言環境下，我深刻地意識到現代的臺灣話，已經遠遠的超過了傳統所謂的「漳泉二腔」，更非什麼「廈門音」了；包含講「國臺語」的年輕人，他們的語言官能已經自動調整，適應成今日的現代臺語。在這時期，我有好多機會聽社會人士的臺語演講或致詞，聽出他們也發展出相當順暢，意思可懂的「國臺混合語」。他們講話的音調和用字遣詞可說是高度「國語」化的；其中有許多詞句，如，「那麼」、「這樣」、「……的話」；問候的話，如，「大家好！」「謝謝各位！」「再見！」等等，幾乎全部是「國語」。這是強力的「官方文化」動力使然，算是很不得已的事吧！舊時的「食飽未？」「去叨位？」「即閣來迌迌！」限制太大，不合現代社會情景，更不是大庭廣眾問候的話；就是臺灣教會採用的「大家平安！」正如佛教徒的「大家阿彌陀佛！」一樣，不是一般人士所能接受的。總之，大家要注意變化中的臺語，努力來講出更正確，

更漂亮的臺灣話。

說到「臺語情」，是不難了解的，因為她是傳達臺灣極大多數人的感情、思想、人格的共同媒介，雖然每一個人學習臺語，講臺語的環境可能有所不同。但是「俗語緣」，就真是緣分了！這段因緣就是，我有幸得到把臺灣俗語放在思想世界，將她做為學術研究對象的機會。那是，在教會工作的第四年，我考上碩士班，在台南神學院跟院長蕭清芬博士專攻「宗教史」。我們的課程要求之一是「專題研究」，其範圍限制在本地的「宗教和文化」。結果，我選臺灣俗語做專題研究的素材，最後寫成碩士論文：「從臺灣俗語看民間宗教信仰。」這樣的選擇最直接的原因是蕭老師的指導和鼓勵的影響，在他所指定的讀書報告中，有德國學者Joachim Wach的「宗教經驗表現在思想層面」的理論，此一學理挑戰我應用於探討俗語中的宗教經驗，探看他們所涵蘊的宗教思想。此一機緣，不僅使我進入宗教史的門限，而且牽動善緣，使我有機會用學術的方法來接近臺灣的文化財產。

然而，要研究臺灣俗語是相當困難的。記得1971年，我在準備寫這篇臺灣俗語的論文時，花了好多時間觀察黃俊雄先生在臺視演出的「六合三俠傳」。我還記錄了他在33映次中，講的216句精彩的臺灣俗語，藉以了解俗語做為臺語的現象。小論雖只是處理幾句臺灣宗教俗語，但幾乎被她們的高難度所吞沒；這樣的研究，沒有什麼重要的參考書可用，幾乎處處都要做第一手的探討，差一點交不了卷！因為，每一句俗語，都像是一隻小麻雀，有她的生命，有她的個性；從外面看不到她具全的五臟，要是解剖來看，卻捕捉不了她的靈魂，失落了她的靈性。臺灣俗語真是駁雜難懂，不易梳理；經過連續幾個月的廢寢忘食，才在論文期限前

一天完成。結果，校外審查論文教授的報告中，有這樣的一句話：
「本論文，已經超過碩士論文的程度！」真是不敢當，也許這位教
授看出，我寫這篇臺灣俗語的艱苦，確是超過程度的吧？總之，
小論只是針對學理的「實驗性」作業而已，也只能淺嚐一小部分的
臺灣俗語。不過，我想這樣的經驗是有意義的：我學習應用學理
來解釋本地的事物，同時領悟了一些俗語所涵蘊的臺灣文化思
想，多少體會了先人的宗教心靈。

　　雖然我喜愛臺灣俗語，但究竟不是我的專業，只是「三不五時」
用來助談，用來點綴語句而已。繼續和臺灣俗語結緣又是七年後，
我完成博士學位，執教於台南神學院的那一段時期。那時，教界
先輩、朋友、同學常常給我專題講說俗語的機會，而每一次講下
來，有批評指教，有熱烈討論，有臺灣漢字用法的意見，有建議
我出版俗語專集的期待，真是臺灣俗語的善緣愈結愈深。不過，
講臺灣俗語是課外的活動，也許是機緣未熟，我只好心領聽眾的
雅意，並沒有積極寫俗語書的意思。直到1986，才迫出一篇25頁
的「臺灣俗語的特色和解釋」來充填《神學與教會》的篇幅。在1988
來德國，旅歐同鄉先輩，先後給我在巴黎、維也納、柏鴻(Bochum)、
漢堡、柏林等地同鄉會，談臺灣俗語，講臺灣文化的機會。今年
三月回國，得以在嘉義市「二二八紀念公園」和台南市錫安教會，
公開演講「臺灣俗語和文化」，並在鹽行教會和南神同學研討此一
問題。承蒙大家的指教、鼓勵，使我對於寫有關臺灣俗語的事，
比較有信心。不過，在我初飛德國之日，行囊攜帶的，卻有臺灣
俗語卡片五千多張，以及多年來收集的俗語集。看來，要寫臺灣
俗語的心意，也是一向潛存在心裡的。在德國這幾年，因我必要
完成好多預約的工作，直到去年夏天，才比較「有時間」，開始將

儲存在磁片的臺灣羅馬字俗語，還原爲臺灣漢字諺語，並積極的進行釋義的工作。眼見這些臺灣俗語，跟我半生，陪我飛越大洋，降落歐陸，委屈地被我化成非人格的電子訊號，現在算是一句一句，一卷一卷地在出頭天了！我心裡眞是充滿歡喜和感謝。無疑的，這是臺灣話，臺灣俗語的良緣善果啊！

　　本書，《台灣俗諺語典》不是專論，不是論文，也不是我過去的演講集，而是爲讀者而寫的一部新書：是要處理五千多句臺灣俗語，把她們分類，逐句「解釋」，選句「釋義」。這樣做的目的，是要使本書兼有：俗語「手冊」和俗語「散文」的雙重作用。我要求自己的寫法是：自由而有系統，輕鬆而不失莊重，通俗而不至於言之無物。我的重點不僅是詞句注解，而且著重於釋義，藉以和讀者一起來了解，來反思她所包含的「文化」思想。我處理各句俗語的方式是靈活的，按各句的不同條件來釋義，該詳則詳，該簡則簡，不拘泥於一式。

　　當然，本書之能夠寫成，是由於許多人士的貢獻和影響，無數善緣的結果。在素材方面，有收集台灣諺語的先輩，他們保存了此一寶貴的文化財產，供我分享他們努力的成果，我要誠心感謝他們。不但是諺語素材，我參考了許多有關台灣歷史、社會、政治、文學、文化、宗教、神學、語言、諺語，等等參考資料，在此向有關作者道謝；被引用的作品，都隨處注明，但只有比較常用的，將於最後一卷的書目中刊出。我要謝謝給我公開演講的社團，參會的，以及給我指教的兄弟姊妹們，他們寶貴的意見增加我對臺灣俗語的了解。當然，我沒有忘記要感謝帶我進入智慧文學領域的老師邱明忠博士，啓導我關聯宗教學和臺灣文化的老師蕭清芬博士，他們的指導使我的臺灣俗語釋義方式不流於隨

便，知道有所根本，有所規範；於此，永誌難忘珍貴的學恩。我也要感謝我的阿母，因為她曾用臺灣和以色列的諺語來教我處世為人。

　　我寫這本書，得到許多親人朋友的關心，或提供意見，或寄來資料，實難一一指名道謝，在此一併表示心裡的感激。然而，我要指出的是，正在漢堡大學專攻應用數學學位的簡正義君，在研究工作繁忙下，以其逍遙於電子宇宙，自由出入於軟體黑洞的能力，常常支援協助我電腦方面的事，為我寫了好多電腦的臺灣漢字，羅馬字的調符程式，使文書處理順利如意；在我完成第一卷原稿之時，設計本文格式，將之優美的列印了出來。此外，他又是關心發展臺灣語文的同志，對於臺灣語文電腦化的根本問題有很好的見解，也有將之做成具體可用的電腦程式的能力。他如此關心厚愛，這般注意臺灣文字的問題，實在令我感謝欽敬。每次到簡家，我是非常感激的，有太太徐玫玲女士的親切招呼，雖然她忙於漢大音樂史博士學位的研究工作，還是常有她拿手的臺灣料理可吃。她們未滿三歲的牧涵，是多麼靈巧，真是討人喜愛！她講臺語的時候，有「阿伯，惜惜！」的千萬分溫柔嬌媚，是十足文靜古錐依人的臺灣幼童；但當她轉講德語，馬上變了聲調，換了姿勢，改了個性，化身成英氣煥發，喜歡自我表現，二十一世紀的獨意志小孩。奇妙啊，語言之對於性格和生命！我要感謝內人美娜(Dr. Bettina Opitz-Chen)，她喜歡聽我開講台灣俗語，尊重又欣賞我的「異邦」文化，能夠了解我寫《台灣俗諺語典》的價值和意義，並給予多方面支持，實在是很難得的，也是我很重要的鼓勵。

　　最後，要謝謝臺灣神學院教授鄭仰恩博士，為我交涉出版事誼。多謝前衛出版社的社長林文欽先生給我寶貴的意見，並且親

切的給本書一個典雅的名字，用一貫鼎力推廣臺灣文化的熱情，
刊行本書。雖然我參考了不少資料，斟酌了不少高見，用心了解，
謹慎釋義，但能力有限，一定有錯誤、不周的地方，或遺漏了某
些重要的台灣諺語，敬請諸位讀者、方家指正。多謝！

陳主顯　1996, 9.10.
　　　　於德國漢堡

使用說明

一、目的、寫法

　　本書,《台灣俗諺語典》,共有十卷。她有二個主要目的:一、做爲「臺灣諺語手冊」,以供查詢和參考。二、當做「短篇文集」,以供讀者隨意流覽,欣賞美妙的諺語;關心文化的人士,不妨再進一步來反思其文化涵義,或尋找提升臺灣文化精神的途徑。

　　我們要求自己的寫法是:通俗而言之有物,輕鬆而有一定的莊重,自由而知道有所規範,批判而保持客觀,而爲了要建設。我們注釋的方式力求靈活:按各句不同的條件來闡釋,該詳則詳,該簡則簡,不拘泥於一式。

二、本書的主要對象

　　下列人士,是本書主要的對象:

　　1.戰後誕生的人士:和他們開講「聽而不聞其義」的臺灣慧言妙語。

　　2.用臺語演講、報導、講說的人士:供他們參考,提供可爲助談的諺語。

　　3.學習臺語的讀者:做爲學習臺語的補充讀物,說有趣的諺語,認識智慧的箴言。

　　4.關心臺灣文化的同志:一起來思考,關心提升臺灣精神文明之路。

三、本書的內容編排

1.分為十卷：這一部書，《台灣俗諺語典》，包含可以分開來
看的十卷；但是，她們的安排是有系統的。這十卷是：

卷一、台灣俗諺的人生哲理

卷二、台灣俗諺的七情六慾

卷三、台灣俗諺的言語行動

卷四、台灣俗諺的生活工作

卷五、台灣俗諺的婚姻家庭

卷六、台灣俗諺的社會百態

卷七、台灣俗諺的鄉土慣俗

卷八、台灣俗諺的常識見解

卷九、台灣俗諺的應世智慧

卷十、台灣俗諺的重要啟示

2.章節：有36章，224節。應該說明的是，在每一節，為數不
等的諺語，都按照她們的意義關聯來安排「句序」，並將其「段落」
提示在各節，例如，在第一章第一節，您將看到該「節」的「標題」
和各句諺語的「段落」：

11.　人是什麼？

人的來源01-06　　人的構造07-09　　人命重要10-12

人皆有用13-19　　人心人性20-25

「11.人是什麼？」是本節的「標題」，表示：本卷，第一章第一
節，有關「人是什麼？」的諺語。「人的來源01-06」等等是本的「段
落」，表示01至06句，這段匯集著六句關於「人的來源」的俗語。

四、臺灣漢字的採用原則

現在，台灣漢字的用法極不一致，幾乎到了一人一種的程度。為了簡單明白，我們採用「三要」原則。那是以現代讀者的語言環境，為主要考慮的：

1.要用通俗字：不用已經廢置或死亡的字，即使是所謂的「正字」，例如，人[lâng]，用「人」，不用「儂」；男人、女人，用「查埔」、「查某」，不用「諸夫」、「諸姆」；賭搏[poah-kiáu]用「博繳」，不用「博局」。當然，「正字」之仍然為一般人所通用者，我們自當斟酌應用。

2.要用工具字：所謂「工具字」，係指現代臺灣人接受教育的漢字；我們認為這是應該受到重視，必要轉化成臺語的文字。例如，的[ê]，用「的」，不用「兮」；知道[bat]，用「識」，不用「八」或「別」；要[beh]，用「要」，不用「欲」等等。

3.要用假借字：假如沒有妥當的「通俗字」和「工具字」可用，就用假借字。我們不要為了一己的方便，而製造新字。因此，[boē]用「燴」、[m̄]用「唔」、[khah]用「卡」等等。

總之，我們選用台灣漢字是以現代性、通俗性、單純性為焦點，以便把握「語言總是向『簡明』的方向發展」的原理。我們認為，使用古字、僻字、廢字、死字，是青年人親近臺語的「絆腳石」，應該移開它。

五、發音和注音

我們採用「自然音」的發音和記音原則，其要點有：

1.嘴巴怎樣講，音就怎樣記：讀者不須要考慮「變音」的問

題，因爲我們不用舊式「漢字音」的記錄方式。例如，「人爲萬物之靈長」這句諺語，我們記的是：

Jîn uī bān-bu̍t chi leng-tióng。

而不是字音：

Jîn uî bān-bu̍t chi lêng-tióng。

又如，「男人三十一枝花，女人三十老人家。」我們注的是：

Lam-jîn saⁿ-cha̍p it-ki-hoa, lú-jîn saⁿ-cha̍p laū-jên-chia.

甚至[laū-jên-chia]是按「臺灣國語」音標注的；但我們不注：

Lâm-jîn sam-si̍p it-ki-hoa, lú-jîn sam-si̍p ló-jîn-ka.

我們這樣做是比記錄字面音，更加費力，投下了更多的時間和精神，但相信是必要的，應該比舊式的記音法容易使用才對。

2.「文白合參」和「單純文音」：應該注意的是，台灣諺語有好多是文音和白話音混合在一起講說的；當然，也有不少格言類的諺語，必須用文音講說。我們在注音時，都按此一語言事實予以標出，例如：「月過十五光明少，人到中年萬事休。」我們注的是「文白合參」的：

Goe̍h koè cha̍p-gō͘ kong-bêng siáu, lâng kaù tiong-lên bān-sū hiu.

而不讀成文音，如：

Goat kò si̍p ngó͘ kong-bêng siáu, jîn tò tiong-lên bān-sū hiu.

但是，「人，莫有所長。」標注的，則是「單純文音」：

Jîn, bo̍k-iú só͘-tióng.

3.「非漳非泉」的臺灣話：我們發覺到，現代臺語的特色之一是非漳非泉，不漳不泉。臺語之爲臺語，已經不是什麼漳音、泉

音、廈門音，或意義模糊的「閩南語」了。具體而言，我們所謂的
「自然音」是按照筆者所學得的，或所聽到的該句諺語的音調來記
錄；雖然，筆者的腔調主要是中南部的，傳統所謂的「漳音系」，
但事實上是已經非常自然地融匯在臺灣「南北二路」的音波之中
了。

　　4.標音記號：我們採用的是「新式台灣教會羅馬字標音記
號」，因為它流通久遠，精確可辨，易學易用，為台灣最多數人所
慣用的臺語記音系統；老式分別CH和TS，不被採用。為了尚未
接觸過此一標音系統的讀者，我們準備了簡單的「羅馬字音標和發
音」以備參考。

六、索引查句

　　1.查檢諺語：已知諺語的句子時，可用「發音查句索引」或「筆
劃查句索引」。其用法簡單，請看各個索引前的「說明」。

　　2.未知語句的查句：由「語義分類查句」尋找，本書的章節是
基於考慮「諺語本身的意義和用法」來分類安排的。

　　3.正反面涵義的諺語：台灣諺語常有一句包含正反、相對，
雙面意義的，我們按諺語本身的涵義保留「男女、生死、貧富、禍
福、甘苦」，沒有硬性的予以分開，而是把她們放在同一章節裡面
的。

七、諺語代碼

　　1.諺語代碼：每一句諺語，都有一個，或一個以上的諺語代
碼，它們代表該句諺語的「住址」和「身份」。

　　2.諺語代碼的形式：有二種形式，「章節・句」，如11.01和「卷

章節・句」，如211.01。前者，沒有標示「卷」數，因爲僅是用在同一卷裡的「索引」，或同卷的參引；後者，用在「總索引」，須要指出「卷」數，以及用在跨卷的參引。

3.諺語代碼的意義：有二層用意，一是指出該句諺語所在，如11.01是「1章、1節、01句」的俗語，而211.01是「2卷、1章、1節、01句」的諺語。其次，這些「卷章節句」的序數，都有一定意義的指謂，其意義可從相關的「卷章節」和該句「段落」的標題得知。

4.一句多碼：同一句諺語，有二個以上的類型、注釋，就有相應的二個以上的諺語代碼。例如，「囡仔放尿漩過溪，老人放尿滴著鞋。」分屬「小孩」和「老人」二類，就有21.07和24.09二個代碼。還有，她們都是屬於第一卷的諺語，所以在該卷「索引」的代碼是21.07和24.09；但是，同樣這句諺語，在卷十的「總索引」，須要加上「卷」數，而變成121.07和124.09。

八、符號

→箭號表示「見」、「看」、「參看」。

[]半形方括號：表示臺灣羅馬字的「注音」，或臺灣語詞的「發音」。

〔〕全形方括號：表示引用的原文，其文義不明，或文字誤漏的「補足」或「增訂」。

羅馬字標音和發音

此處，我們簡明的舉出，台灣羅馬字標音和發音的要點，以備尚未接觸過此一標音系統的讀者參考。❶在各個項目之下，列舉若干字詞，以供藉著「對照」的方式來認識標音和發音。因為要「對照臺音漢字」，所以在此處我們標注的是漢字音「本調」，但是在《台灣俗諺語典》各卷，標注的是已經變好音調的音符。

一、臺灣羅馬字標音的結構

一個音節的形成，是由「聲母＋韻母＋聲調」來結合的。從音標的形式而言，聲母在前，繼之接以韻母，再標以調符，例如：

Khoàⁿ Taî-gân, tâm bûn-hoà
看　　臺　諺　談　文　化

Taî-oân gân-gú hun-luī sek-gī
臺　灣　諺　語　分　類　釋　義

二、聲調

臺灣話的聲調有「八音」，傳統稱爲：陰平、陰上……陽入等。在臺灣羅馬字標音法，聲調的第二、三、五、七、八聲，用調符ˊ，ˋ，ˆ，－，ˈ來表示，而第一聲不用符號。第四聲和第八聲，按照韻尾的不同音韻，而分別用h，p，t，k做第四聲的聲符，而以ˈh，ˈp，ˈt，ˈk爲第八聲的聲符。

臺灣話的「八音」，按一至八音順序，例示如下：

tong tóng tòng tok tông tóng tōng to̍k
東　黨　棟　督　同　黨　動　毒
kun kún kùn kut kûn kún kūn ku̍t
君　滾　棍　骨　群　滾　郡　滑
sai hó͘ pà pih kaû bé chhiūⁿ lo̍k
獅　虎　豹　鱉　猴　馬　象　　鹿

三、元音

　　元音是人類語音所共有，我們不須依靠音位圖來說明，由下列臺語字詞的對照，則可領會其音標和發音。同時，有音無字的，可以不論。

　　1.單元音：a, i, e, o, o͘, u.

a á ah a̍p A-chiu á-sī ah-bú-nn̄g pó-a̍p
亞 抑 鴨 盒 亞洲　抑是 鴨母卵　　寶盒

i í ì î í-siōng chhian-î bô-ì-sù î-liâu
伊 椅 意 移 以上　遷移　無意思 椅條

e é è eh ê ē e̍h hō͘-ē hō͘-ê ē-káng
挨 矮 裔 厄 鞋 下 狹 後裔 雨鞋 下港

o ò oh ô o̍h o-á-chian ò-biāu hàn-o̍h-á-sen
渦 懷 奧 蠔 學 蠔仔煎　奧妙　漢學仔先

o͘ ó͘ ò͘ ô͘ ō͘ o͘-hî-chí ō͘-koé Laī-ô͘
烏 挖 哦 湖 芋 烏魚子　芋粿　內湖

u ú ù û ū iú-û ú-kî ù-sio tham-u
污 雨 灸 餘 有 有餘 雨期 灸燒 貪污

　　2.雙元音：ai, au, ia, io, iu, oa, oe, ui.

ai aí aì aih ai-siong aì-chêng hô-aí
哀 藹 愛 唉 哀傷　愛情　　和藹

au aú aù aû aū Au-chiu aú-thò͘ aù-kê aû-ūn
歐 嘔 餲 喉 後 歐洲　嘔吐　餲鮭 喉韻

iá ià iah iâ iā iảh iá-siù pá-ià iah-khang
野 颺 挖 爺 夜 頁 野獸　飽颺 挖孔

iu iú iù iû iū iu-siù iù-tī-hn̂g chiỏh-iû
優 有 幼 油 右 優秀　幼稚園　石油

oa oá oā oảh oa-oa oá-khò͘ oā-moê oảh-miā
娃 倚 話 活 娃娃　倚靠　話梅　活命

oe oé oē oê oē oẻh pit-oẻh oē-seng ù-oè
鍋 挖 穢 鞋 衛 劃 筆劃　衛生　污穢

ui uí uì uî uī ui-giâm uí-oân uì-būn tē-uī
威 委 慰 圍 位 威嚴　委員　慰問　地位

3.三元音：iau, oai.

iau iáu iàu iâu iāu iau-chhiáⁿ iáu-ū iàu-kiû
邀 猶 要 謠 耀 邀請　　猶有　要求

oai oai-khiok siong put-chèng hā chek oai
歪 歪曲　　上不正下則歪

四、聲母

1.唇聲：p, ph, b.

1.1 p不送氣、塞音；發如「ㄅ」。請參考下例臺語詞例：

paí-thok Pîn-tong peng-siuⁿ pông-koan hù-jū
拜托　　屏東　　冰箱　　旁觀　　富裕

1.2 ph送氣、塞音；發如「ㄆ」。臺語詞例：

phaì-thaû phî-tàn phèng-chhiáⁿ phok-hȧk phûn-chai
派頭　　 皮蛋　　 聘請　　　 博學　　 盆栽

1.3 b帶音、塞音；發如英語字例，book。臺語詞例：

báng-thâng Bin-hiông bēng-lēng būn-tê bȯk-liȯk
蚊蟲　　　 民雄　　 命令　　 問題　 目錄

2.齒音的舌尖音：ch, chh, j, s.

2.1 ch不送氣、塞擦音；發如「ㄐ」。臺語詞例：

Chan Sian-siⁿ Chiong-hoà cheng-sîn chong-giâm
曾先生　　　 彰化　　 精神　　 莊嚴

2.2 chh送氣、塞擦音；發如「ㄑ」。臺語詞例：

chham-ka chhiong-moá chhián-chuí chhong-bêng
參加　　 充滿　　　 淺水　　　 聰明

2.3 j帶音、擦音；發如英語字例，joy。臺語詞例：

jêng-jên jím-naī Ju-kaù
仍然　　 忍耐　 儒教

2.4 s不帶音、擦音；發如「ㄒ」。臺語詞例：

sam-taī-bȯk sî-ki Se-iûⁿ sòng-tȧt sù-hok
三代木　　　 時機 西洋　 送達　 賜福

3.非齒音的舌尖音：t, th, l,

3.1 t不送氣、塞音；發如「ㄉ」。臺語詞例：

Tām-chuí ti-tu tián-lé tó·-kok tui-chek
淡水　　 蜘蛛 典禮　 島國　 堆積

3.2 th送氣、塞音；發如「ㄊ」。臺語詞例：

tham-chaî thih-lō͘ thé-io̍k Thô͘-khò͘ thun-kiâm

貪財　　鐵路　　體育　土庫　　呑劍

3.3 l帶音、塞音；發如「ㄌ」。臺語詞例：

Lâm-taû lí-iû lé-sò͘ lō͘-tô͘ lūn-soat

南投　　理由 禮數 路途 論說

4.舌根音：g, h, k, kh.

4.1 g帶音、塞音；發如英語字例，good。臺語詞例：

Ga̍k-tè-biō gî-būn gê-mn̂g Gō͘-chhe gú-giân-ha̍k

嶽帝廟　　疑問　衙門　　梧棲　　語言學

4.2 h不帶音、擦音；發如「ㄏ」。臺語詞例：

ha̍k-haū hi-bāng hē-thóng hô-chhoan hù-jū

學校　　希望　　系統　　河川　　　富裕

4.3 k不送氣、塞音；發如「ㄍ」。臺語詞例：

ka-têng kiat-kó kē-lō͘-sai Ko-hiông Kū-siâⁿ

家庭　　結果　低路師　　高雄　　舊城

4.4 kh送氣、塞音；發如「ㄎ」。臺語詞例：

khai-sí khì-hiâm Khe-ô͘ khó-chhì khu-kong-só͘

開始　棄嫌　　溪湖　考試　　區公所

5.鼻音：m, n, ng, ⁿ.

5.1 m合唇鼻音，發如「ㄇ」。臺語詞例：

Má-chó͘ mī-soàⁿ mê-sî Moê-san

媽祖　麵線　暝時 梅山

5.2 n非齒音舌尖，發如「ㄋ」。臺語詞例：

nâ-taû nî-té ne-kiáⁿ nō͘-hàn

林投　年底 乳囝　怒漢

5.3 ng舌根，發如英語字例king。臺語詞例：

ngá-ì ngī-khì ngeh-chhaì ngō͘-sèng

雅意　硬氣　　挾菜　　　悟性

5.4 ^{n}鼻化元音韻尾。臺語詞例：

à^n-lȯh î^n-khoân e^n-á

向落　圓環　　嬰仔

注釋

1. 對於想要完整學習臺灣羅馬字標音法和發音的讀者，我們願意推薦好
書：鄭良偉、鄭謝淑娟編著《台灣福建話的語言結構及標音法》(台北：學
生書局，1982)。還有，本文參考了，鄭良偉、鄭謝淑娟編著的上述資料。

概說

台灣俗諺語分類釋義

　　這部書的主要目的，是按照分類來「看」精選的五千多句臺灣
諺語。我們看的方法有隨句注釋和選擇性的釋義，藉以欣賞俗語，
漫「談」她們所涵蓋的意義和問題。

　　在這裡，我們要略爲介紹：什麼是臺灣諺語？本書是怎樣認
定臺灣諺語，按照什麼標準選擇她們？怎樣注解，如何釋義？內
容是什麼？這些問題，應該向讀者有所交代。

一、什麼是臺灣諺語？

　　「諺語」最簡單的定義是「俗語也。」❶那麼，什麼是「俗語」呢？
一些中文大辭典，把俗語解釋做「通俗流行之語。」❷顯然，這樣
的解釋並沒有說出該詞的內容，只是在字面上敷衍而已。

　　我們把「諺語」定義做：流行在一般社會大眾之間，具有相當
固定形式，現成的口頭語，並且含有完整的概念，用來表達特定
族群，典型的社會經驗。分析而言：諺語是屬於「一般社會大眾」
的語句，她不是專業用語，也不是行話。諺語是有「相當固定形式」
的，表示她有容易被大眾認知的，特殊的句式，但不像「成語」那
樣，不容許增減字詞。諺語是「現成的口頭語」，即是已經存在或
流通在講者、聽者的社會，不是個人隨時隨地，自由發表訊息的

話語；再者，諺語主要是「口頭語」，雖然也有不少格言文句演變成諺語。諺語必須是能夠表達「完整的概念」的句子，不是詞組，不是詞彙，雖然，諺語在修辭上，常有藏詞省字。諺語是屬於「特定族群」的語言，爲該族群，生活在該社會的大衆所講述，所認識。諺語承載著該族群「典型的社會經驗」，不是觀照一己的，或偶然的經驗，而是該族群，該社會特別的經驗和深刻的覺識；如此，諺語才可做爲文化傳承的媒介，才能使後人了解先人的社會、精神的世界。諺語包蓋這麼多重要的「內容」，所以是民族、社會珍貴的文化財產。

那麼，「諺語」是不是「俗語」？我們說，是的！若是勉強要說她們不同的地方，我們只能說，「諺語」比較是文言、古籍的，以及現代「國語」的稱謂，而「俗語」比較是口頭上的名稱，也是臺灣民間一向的用法。在本書，我們按照行文的須要，兼用此二詞。雖然，有人嚴格區分諺語和俗語：以前者爲完整的句子，而後者僅是詞彙，但當俗語成爲完整的句子時，就是諺語。❸ 不過，我們並不同意這種看法，因爲如此界說俗語是個人的定義，不符合俗語的語言事實。還有，採取嚴密界說「諺語」的學者，將「謠諺」和「厥後語」排除在外，但本書採取比較廣泛的了解，把「謠諺」和「厥後語」都包含在「諺語」裡面。

按照上面的「諺語」定義，我們要說「臺灣諺語」是臺灣話裡面的俗語，是用臺灣話發言的。她異於客家話，或原住民話語，或「國語」的諺語。而這裡所說的「台灣話」，是指多種台灣話之一的「臺灣福佬話」。如此使用是俗成的，也是爲了行文簡捷的要求，沒有任何臺灣福佬獨大的惡霸心態。

還有，本書在「釋義」的時候，常用「臺灣」和「臺灣人」。她的

涵義須要按照使用的文脈來了解：大範圍，包含全體住在臺灣的所有的族群和人民；小範圍，可能僅指一時一地的歷史人物。不論如何，我們談論的是關聯俗語的論題，沒有族群偏見；我們注意的是，先人歷史和社會經驗的事實，沒有製造「緊張」的意圖。我們認為臺灣人應該從各個角度來了解，來談論，來省思臺灣的過去和現在，虔誠地展望臺灣所有族群的和睦相處，平安幸福之道。

二、先看一下可愛的諺語

　　一個歷史悠久，生活安定，文化水準達到一定程度的社會；同時有充分成熟的智慧來做歷史、社會、生活等等方面反省的人民，才可能有豐富的，智慧的「俗語」產生，以流傳給後代。那些深刻影響人類思想和生活的古文化，例如，巴比倫、埃及、希臘、希伯來、印度、漢人的文化，都產生過影響人類思想的箴言俗語。

　　勿庸諱言的，臺灣人承受了漢文化的豐富諺語，而這些諺語無疑地對先人的價值觀、人生觀、處世術等等，都發生過一定的引導或參考的作用。此外，臺灣約四百年的歷史中，有她自己特殊的社會和歷史經驗，產生了無數反映這些獨特臺灣經驗的俗語。結果，這些負載臺灣精神和文化傳承的諺語，默默地影響一代又一代的臺灣人。此所以先人的古諺，就是對二十世紀末的臺灣子孫，仍然那麼有力地引起她們熱烈的共鳴。

　　此處，我們無意詳述諺語的歷史和文化意義，但請先來欣賞一下美妙的臺灣諺語吧！

　　臺灣俗語有活潑可愛的形式：多彩多姿的形像描述，形形色色的修辭格，美妙的對偶與動聽的音韻。─請看，圓人和扁人都

會跳舞，簑衣和秤錘照吃不誤，還有大沙豬吹大牛皮，又有怨嘆的大家[ta-ke]和三八新婦[sin-pū]：

> 圓人會扁，扁人會圓。
>
> 有毛食到簑簑，無毛食到秤錘。
>
> 四十歲查埔是鸚哥，四十歲查某是老婆。
>
> 不孝新婦三頓燒，有孝查某囝行路搖。
>
> 飽仔光光滑滑無削皮，妳也罵；苦瓜貓貓蛀蛀削皮，妳也罵。❹

她的思想內容豐富：關聯著台灣人的生活、行動、性情、思想、道德修養、應世智慧等等；她刻畫著台灣社會、歷史、政治、文化、經濟，宗教等，重要事件的痕跡。—您知道，什麼是老臺灣的三大都市嗎？誰是老臺灣的羅賓漢(Robin Hood)？舊臺灣沒有族群緊張嗎？有沒有宗教的偏見？老美如何援臺？臺灣的人權情形如何？這些臺灣的「代誌」諺語都有痕跡可尋：

> 一府，二鹿，三艋舺。
>
> 我嘸是辜顯榮，你嘸是廖添丁。
>
> 番婆快牽，三脚鼎仔奧安。
>
> 落教，死無人哭！
>
> 美國出打馬膠，台灣出土脚。
>
> 鼓不打不響，人不打不招。❺

不僅如此，台灣諺語是動力很強的語言：三言兩語，可搬動玉山壓頂的道理；一二句話，就把人生的奧義，講得徹頭徹尾，也能把道德家的萬般禁忌，掃得清潔溜溜。總之，她的煽動力、批判力、說服力、透視力都很強烈，斷然令人折服。您也許已經聽過：

「枵雞呣惜箠，枵人無惜面皮。」—說實存重於廉恥，多麼反道統啊！

「少年儭曉想，食老不成樣！」—老母訓勉後生，別像他老爸不出息。

「死豬鎮砧！」—有人如此痛罵國府的黑官。

「日本要倒生虱母，國民黨要倒大家樂。」—深入地反映了社會現象。

「一中，一臺。」—臺商的隱私，也是政治的現實。❻

無疑的，台灣諺語是理解她的人民、鄉土、社會、歷史、文化、宗敎、語言，彌足珍貴的材料。她眞是叫人喜愛，吸引人去親近，去了解，去述說。

三、精挑細選諺語五千句

1. 挑選諺語

近百年來，臺灣諺語在「日語化」和「國語化」的語言政策之下，隨著臺語的壓制而沉默，而凋零；雖然，臺語一向仍然潛存在工商企業界，且受到重用。自從解嚴以來，臺語日漸受到尊重，社會各界在正式的場合有用臺語講說，在競選的演說，更是重要的工具。在這種實況下，原來活潑有力的諺語，自然應運再生，例如，1995臺灣政爭的主題，「乞食趕廟公！」❼便是一句消聲很久的臺灣俗語。不僅如此，最近我們也高興地看到有數種臺灣諺語書刊行。希望此一寶貴的文化財產，能得到妥善的保存，整理和利用。

我們無法知道，臺灣俗語到底有多少句；本書精選的五千二百多句，是從多種諺語集和自己多年來收集整理出來的。❽ 從形

式上看，所選的諺語大部分是四字以上的，也兼收比較熟知三字一句的俗語；常用的謠諺、格言和閩後語之精彩者，也都予以選取。從內容來說，我們的選擇是比較全面性的，範圍包蓋：意思清楚，足能反映臺灣人生活的各方面，以及社會、歷史、政治、宗教、道德、修養、應世智慧，等等的有關諺語。同時，我們的選擇，沒有預設「善惡」和「雅俗」的標準；只要是「典型的」的臺灣俗語，則不論她是粗鄙或文雅的，不衛生或健康的，不道德或道德高尚的，都斟酌收錄。我們這樣選諺，當然無意渲染黃黑思想，純粹是爲了要更加客觀地了解先人的心靈，體會臺灣的文化精神。何況，讀者有知的權利，讀者的批判能力應該信任！

當然，我們無意收籠全部臺灣諺語，但相信這精選的這五千二百餘句臺灣諺語，應該足能看到精彩的，各種形式的臺灣俗語。這些諺語的內容，也有一定的廣度，觸及到了臺灣傳統社會和生活的好多方面。同時，我們在選擇諺語的時候，特別注意收攸關反映臺灣精神文化，觀照臺灣民族性的諺語，一則可以了解精神文化的傳承，再則可供前瞻臺灣文化的未來。

2.分類諺語

這五千多句臺灣諺語，假如按照筆劃次序，隨句注解其詞彙，指點其大意，或者僅做單類諺語的闡述，則顯然的失落宏觀臺灣俗語的可能性。那是相當可惜的做法！爲了要避免這項缺點，而要做到比較全面觀察臺灣俗語的話，則必須有相當廣泛的選擇面，來網羅涵蓋面夠的典型俗語，並且還須要適當的方法，來把散沙一般的俗語，關聯在一起。這樣的關聯，就須要倚靠合理的「分類」原理和方法了。

分類臺灣俗語，實在很困難！我們的分類方法是以：各句諺

語的「意義和用法交織考慮」予以分析，然後歸納出來的系統。我們不按照諺語的字面去分類 ❾，也不預設任何分類的範疇。我們相信，如此分類諺語，應該比較能夠清楚地看到她們的面貌。

按照這種方法分類的結果，我們得到211個「基本類型」；她們分屬於九個大範疇。假如，以每一個「基本類型」為一面反射鏡的話，那麼我們就有211面臺灣諺語鏡。這麼多的「諺語鏡」，一定可讓我們更清楚地觀照所繼承的文化財產。若是把九個範疇涵蓋的211個「基本類型」，組織成章節的話，則有如下表所示的：

範疇一：人生，有3章12節，包含375句諺語；
範疇二：心性，有4章28節，包含611句諺語；
範疇三：言行，有4章28節，包含588句諺語；
範疇四：生活，有3章19節，包含569句諺語；
範疇五：家庭，有4章18節，包含648句諺語；
範疇六：社會，有5章29節，包含753句諺語；
範疇七：鄉土，有5章23節，包含960句諺語；
範疇八：見識，有5章24節，包含456句諺語；
範疇九：智慧，有4章30節，包含594句諺語。

分析而言，上面這九個範疇，涵蓋著：個人(包括人生、心性、言行、生活和工作)，家庭，社會，鄉土，物理世界，和精神世界的相關諺語。而那為數不少的倫理道德的諺句，則按照各句的不同性質，再分屬於：家庭倫理、社會倫理、應世倫理。

我們用了相當多時間來分類，也改訂了好多次，但願能夠提供諸位讀者，欣賞臺灣諺語「多面相」的景觀。

四、我們來解釋諺語

1.用「讀者批判法」來解釋吧！

　　面對五千多句可愛的臺灣諺語，須要有個適當的釋義方法才能妥當地了解她們。那麼，什麼是適合釋義臺灣諺語的方法呢？我們看過好多種釋義「智慧文學」的方法，最後考慮應用後結構主義釋義學的「讀者回應法」(Reader-Response Criticism)，這是頗受近代解釋學者重視的一種方法。

　　我們的基本理解是這樣的：當一句諺語出現在讀者面前，她僅有的是客觀的表層和深層結構。這樣的一句客觀的諺語，乃是處於「睡眠狀態」的句子，僅是文字、符號，和她們所蘊含的意義－嚴格而言，是還沒有產生「意義」的。要說這句諺語的意義，或說她有意義時，就須要讀者出入於該句諺語表層的世界，然後再去解開她深層的意符，去做讀者主觀的了解、體驗和回應。這樣，才使該句諺語成為實在，使該句諺語具有意義。實際用在釋義臺灣諺語，是這樣的：

　　1.1要出入於臺灣諺語的表層結構：這是有關臺灣人如何講說該句諺語，那句諺語用在什麼樣的時間、地點、場合，以及所要指謂的事件，等等背景。但當該句諺語成為書面語，出現在讀者面前的時候，她的表層結構是被抽離自現實，離開動態的生活情景的。所以我們必須回到關聯該句諺語的「生活情景」(Sitz im Leben)去了解她，去解釋她。

　　1.2要解釋諺語的語言符號和她的意涵：這須要做二件事情，一是了解諺語的語句要素，如句法、語詞、表象等等；這些要素是諺語的符號，涵蘊著諺語所要表達的意義。其次是要解釋諺語

符號的語意。諺語符號和語意，是受到臺灣話和臺灣人的生活情景所約定的，有其客觀的實在性，並不是主觀的解釋，或主觀的回應所能隨意扭曲的。

1.3要回應所面對的諺語：經由讀者的了解、思想、或行動，來體會該句諺語，使那深層結構的客觀概念醒活過來，也就是再生該句諺語，使之活現在讀者主觀的世界。這樣的回應，可以是讀者的認知活動，也可以是行動的反應，不論是贊同或是拒絕這再現的諺語。如此，才談得上「聽聞」到那句諺語；如此，那句諺語不再是靜態的文字符號，而已經化成實在，成爲意義。

基於上面的了解，一個諺語的釋義者，須要先成爲一個諺語「眞正的讀者」：聞知臺灣諺語之聲，覺識其義，而後闡述其理。

2. 釋義諺語的步驟

上面是諺語整體的釋義學理論的理解，但釋義者所面對的卻是具體的，一句句有待解釋的諺語。於是，我們設計了配合釋義學理論的，解釋個別臺灣諺語的幾個步驟：

2.1解開諺語表層結構：包含整理諺句、記音、做解述句(Paraphrase)、說明用法、注意語源和修辭格，等等的分析和釋明工作。分開來看：整理諺句，要做的是比較類語，斟酌用字，按意義分類，做成章節。記音，乃是用講說該句諺語的自然音，藉著台灣羅馬字來記錄的。做解述句，是用類似語，或一句話來述說那句諺語。說明用法，提示使用諺語的時空、場合、「忌諱」等等。注意語源和修辭格，此二項工作僅能偶而有之，探源的工作，非我們的時間所能允許的。

2.2解釋諺語內層結構：主要的工作是字詞注解，解釋詞句，或分析句法。臺灣俗語中有些詞彙相當罕用，幾乎不是一般現代

讀者所認識的；有好多字詞，含有臺灣話特有的意義。面對這些
「意義符號」我們要清楚地予以解讀，著重意義的通透性和清楚的
現代了解，而不要花時間去故紙堆尋求乾澀的舊說，但著名的典
故或有關重要的古典文獻，則予以重視並酌情引用。

　　2.3做為「讀者回應」的釋義：這一部分就是筆者服膺「讀者回
應法」的要求，要站在做為「讀者」的立場來了解，來感覺，來再現
這句諺語的意義，然後記錄此一反省的內容和感受。這是在了解
上面二層結構之後，再往前一步的解釋，乃是主觀地以現代臺灣
社會，現代世界的現況和前景為焦點，來反映該句諺語的意義。
此一釋義的態度雖是主觀的，但仍沒有離開該句諺語的表層和深
層結構的限制，並不至於扭曲原來的意義，隨便胡說一通。

　　我們擬出上面這些釋義要點，但實際上，不是每一句諺語都
可能或必要，按照上面的做法去逐項解說的，或簡或繁，隨個別
諺語的不同條件而定。我們雖然要求自己做比較詳細的注解和釋
義，但做法必須是靈活的，好讓可愛的臺灣諺語更活潑，更靈精。

五、精神感應和參悟的功課

　　釋義台灣諺語，可說是充滿興奮的一種精神感應的活動，也
發現了好多須要參悟的功課，雖然此項工作相當繁瑣、困難，無
法做到周全。

　　在這釋義的過程中，我好像觸摸到有血有肉，真情真性，滿
嘴愛用俗語開講的先人。我深刻地感受到他們軟弱、挫折、悲哀
和焦慮的時間多，而堅強、順遂、歡喜與盼望的時候少。他們的
哀鳴令我心酸，冷諷熱嘲叫我心煩，滿嘴粗言惡語使我惡心。當
然，他們天真的歡呼，真心鼓勵安慰的話語，使我歡欣振奮。

　　我也曾硬著心腸，睜大眼睛來看他們的粗魯、狡猾，甚至暴虐的行為；有時，「歹勢歹勢」，不好意思地，靜聽他們細說隱私。他們有時文雅如處子，誠實像幼童，仁愛的心思和行為，勝過不食人間煙火的神仙！

　　這樣的會遇，有時是興奮的，有時是很頹喪的，時而發出會心的微笑，時而淚水模糊了雙眼。我知道，環境給他們太多的限制，官府剝削他們優越的可能性；在時時有殺身喪命，處處有酷吏線民的威脅中，能開闢肥沃的田園，建立逐漸安定的家庭，奠下社會堅實的地基，實在是「有夠」偉大！

　　我也感到緊張，因為先人這些優美和醜陋的綜合因子，好像也活動在我的頭腦、心肝和手腳，要來影響我這個二十世紀的子孫的思考、判斷和行動方式。我感到驚悸，有好多諺語，好像可以解讀做：台灣人的命運已經被決定在她的民族性裡面！於是，我不能不問，什麼是改命造福之道？這是我釋義臺灣諺語，努力要參悟的重要功課！

注釋

1. 中華學術院《中文大字典》(台北：該院，1973)，頁VIII-1055。
2. 同樣的解釋，可見於：商務書局，《辭海》(1967)，頁231，以及，同上引，頁I-1041。
3. 參看：朱介凡《中國諺語論》(台北：新興出版社，1964)，頁91。
4. 「圓人會扁，扁人會圓」：(→14.09)。「有毛食到鬃簑，無毛食到秤錘」[Ū -mo͘ chiah-kah chang-sui, bo-mo͘ chiah-kah chhín-thuî.]：臺灣人自嘲雜食。鬃簑是簑衣，舊時代的雨具。「四十歲查埔是鸚哥，四十歲查某

是老婆」：(→12.05)。「不孝新婦三頓燒，有孝查某囝行路搖」[Put-haú sin-pū saⁿ-tńg-sio, iú-haú cha-bó-kiáⁿ kiaⁿ-lō͘-iô.]：大意是：媳婦雖然不孝，但能供養三餐；嫁出去的女孩雖說有孝，但只能偶而回來孝敬一番。「匏仔光光滑滑無削皮，妳也罵；苦瓜貓貓蛀蛀削皮，妳也罵」[Pu-á kng-kng-kut-kut bo-siah-poê, lí-iā mē, khó͘-koe niau-niau-chiù-chiù siah-hoê, lí-ia mè.]：愚媳婦對婆婆的不滿，是說：胡瓜光滑，連皮而煮遭到婆婆責罵；苦瓜皮凹凸不平削了煮，又是一頓臭罵。

5.「一府，二鹿，三艋舺」[It Hú, jī Lok, saⁿ Báng-kah.]：清朝據臺前期，臺灣的三大都市：臺灣府，鹿港，艋舺。「我唔是辜顯榮，你唔是廖添丁」[Goá m̄-sī Ko͘-hén-êng, lí m̄-sī Liāu-thiam-teng.]：用在化解誤會，是說：我不是財主，你也不是專偷富人的大盜。「番婆快牽，三脚鼎仔奧安」[Hoan-pô khoái-khan, saⁿ-kha-tiáⁿ-á oh-an.]：與本地人結親不難，但應付外親來往飲食不易。「落教，死無人哭！」[Lō-kaù, sí bo-lang-khaù!]：譏刺基督教徒，喪事時沒有啼哭哀嘩。「美國出打馬膠，台灣出土脚」[Bí-kok chhut tam-á-ka, Tai-oân chhut-tho͘-kha.]：戰後美國物資援助臺灣建設，造出不少柏油路。打馬膠，瀝青，柏油也。「鼓不打不響，人不打不招」[Kó͘ put-táⁿ put-hiáng, jîn put-táⁿ put-chiau.]：諷刺沒有人權的政府，視人民如鼓，以刑迫供。

6.「枵雞唔惜箠，枵人無惜面皮」：(→31.42)。「少年𣍐曉想，食老不成樣！」：(→22.12)。「死豬鎮砧！」[Sí-ti tín-tiam!]：黑官佔據重要的政治地位。「日本要倒生虱母，國民黨要倒大家樂」[Jit-pún beh-tó seⁿ-sat-bo, Kok-bin-tóng beh-tó tá-chia-ló.]：民間相信朝代的終結都有凶象，日本戰敗前兆是臺灣遍地蝨災，而國民黨統治臺灣的終結是臺灣到處賭博。「一中，一臺」[It Tiong, it Taî.]：一個中國，一個臺灣。雙關語：臺商在臺灣有妻，在中國有妾；在政治上，中國是中國，臺灣是臺灣。

7.「乞食趕廟公！」[Khit-chiah koáⁿ biō-kong.]：喧賓奪主。背景是寄居廟室的乞食，驅逐住在該廟的工友。附帶一提，在此一爭論中，好多政要，嚴重誤解了「乞食趕廟公」這句諺語，極為負面的將臺灣比擬做「廟」，把政府官員或國家的主人翁喻指爲「廟公」。爲指出其有違該句諺語原義，並且

　　有礙民主思想，作者寫了一篇「臺灣敢是『廟』？啥人做『廟公』？」(→
《自立早報》(1996,1.3):4)，加以澄清。

8.本書引用的諺語集或俗語素材，將在第十卷「參考引用書目」列舉。

9.例如，把「飼老鼠咬破布袋」分類在「動物類」或「袋子」類的，乃是按照字面
　分類，最大的缺點，顯然違反俗語本身的用法和原義。但是，這種分類法
　在臺灣不乏受到應用，因爲方便！

第一章

人、人生

第一節　人是什麼？

本節分段：

人的來源 01-06　人的構造 07-09　人命重要 10-12

人皆有用 13-19　人心人性 20-25

【01】

天生地養。

Thiⁿ-siⁿ tē-iúⁿ.

人是天地所生養的。

用來安慰鼓勵，生活在艱難困苦中的人。

天：這字的涵義非常豐富，民間主要地了解做：主宰之神，如天公、玉皇上帝，自然和父母親。至於解釋做「自然法則和天道」，則是哲學和宗教的見解，不是一般人的看法。地：指大地、萬物、母親。

天生地養是相當古老的思想，公元前第二世紀的《淮南子・精神篇》有言：「……聖人法天順情……以天為父，以地為母，陰陽為綱，四時為紀。」但此種說法，是道家法天的思想，這一句俗語沒有這種涵義。

開臺先民的「天生地養」，不是道學概念，而是一種信仰：他們相信，人只要能夠保得住一條老命，自然就有維持生命的方法，將有出頭天的日子。此種信仰曾經帶給這群移民，在萬難中求生存的希望和力量；此一信念，是帶有宗教性質的虔誠，淨化著，健壯著，在艱難中奮鬥的人民。幸虧先人所經驗到的，所相信的天是慈愛的，保佑窮人，降福善人，執行賞善罰惡的「天」，以及

認眞耕耘，就有豐收的福「地」。如此美善的「天地」構成台灣先人純眞有信，善良守法，勇敢奮鬥的性格。想看看，有了這樣的民族性，怎麼不能建設更加美好的台灣呢？

【02】

天生天化。

Then-seng then-hoà.

人既然由天意而生，也按天意而死。

用來勸人，尊重自然生化的法則，確立妥當的生活態度。

化：造化、變化、消失、死亡；從無而有曰生，從有而無爲化。

生化由天的生命觀，並不完全是消極的，因爲人只要能夠把生死交託給天，則比較可能心無旁騖地與艱難困苦一搏。還有更重要的，那做爲信仰對象的「天」，因爲人的不同經驗或不同假定，也在影響著他們對人類、自然、社會的見解和態度。最壞的例子是，那些專制統治者及其黨徒，那一個不是「無法無天」的？逆天的人民，那會愛惜自然，敬重生命？我們體會出，先人的這句俗語，在今天要講的不是「宿命觀」，而是在強調應該尊重自然法則，按照自然的韻律來生活。君不見，1996年八月，中國、臺灣的空前水災，豈不是過份開發，剝削自然的結果？

【03】

土裡生，　土裡養。

Thô·-nı̆ siⁿ, thô·-nı̆ iúⁿ.

人從大地得到生命，也由她得到養育。

用來安慰遭遇天災地變，生活艱難的人。

土：泥土、土地、大地、自然。土裡生：人是自然的赤子。字面

是，從土而生；其思想背景，可能關聯女媧搏土造人的神話。土裡養：
土地發生萬物以飼養世人。

　　民間相傳，女媧是上古的女帝，揑黃土造人，制定嫁娶的禮
儀。她也是地母，煉石補天，殺巨龜，取其四足爲天柱，用草灰
塡地洞的女神。台灣的補傘匠、造傘業、紡織業者，祀奉她爲守
護神；這可能是女媧「補」的能力之崇拜吧。祭祀她的廟宇，全台
灣有十座，神誕是正月六日。❶

　　古希伯來人，有上帝用土造人的神話，說人是按照上帝的形
像和樣式而被造的。(《聖經‧創世記》2:7)基督教以此說來做爲人的特
殊性和超越性的根據，也是敬畏生命，尊重人權的基礎。對照看
來，女媧搏土造人的神話，不但缺乏發展出尊重人的要素，而且
是塑造自大的中國人的神話基礎：黃土高原的人種才是女媧純土
揑成的高級品種，其餘的是爛泥巴造成的四夷八狄，洋鬼、黑鬼、
紅番、生番、熟番，等等，乃是其心必異的非我族類。

　　我們今天解釋這句古諺，應該先來個「脫神話化」才行，乃是
說：凡是人，他的「土質土性」是一樣的。如此的話，可以看出她
有二項重要涵義：一是，大地旣然是人類之母，人就不可以沾汚
她，剝削她，而必要愛惜她，跟她建立和諧的關係。二是，人類
旣然都是自然的赤子，就應該平等對待，互相尊重，和睦相親，
來建設人間樂園。

【04】

天脚下大人物，天頂星來出世。

Thiⁿ-kha-ē toā-jîn-bu̍t, thiⁿ-téng-chhiⁿ lai-chhut-sì.

偉人都是由星斗的神魂感孕而生的。

　　舊時，用來愚弄人民，神化統治階級領導人的說詞。這原是

道教星魂信仰的說法，也是民間的俗信。

　　古人相信星斗和人的生命有密切的關係，第三世紀的葛洪說過：「人之吉凶，制在結胎受氣之日，皆上得列宿之精。其值聖宿則聖，值賢宿則賢，……值賤宿則賤，值貧賢宿則貧。」《抱朴子・辨問》今日台灣民間仍然流行此說，認為每一個人的生命都關聯著某一個特定的星斗，即所謂的「本命星」，而此星決定人的命運和壽數，如俗語說：「南斗注生，北斗注死。」(13.02)道士的拜斗改運，相士的紫微斗數，莫不是星宿信仰的一種現象。我們應該注意的是，傳統的御用文人，常用星魂化身說來神化帝王，創造英雄，鞏固領袖，以愚弄人民。

【05】

人生咱，咱生人。

Lâng seⁿ-lán, lán seⁿ-lâng.

傳宗接代乃是人的本分。

　　這句話用來鼓勵陣痛中的產婦，要她忍耐痛楚，甘心承受，因為母親也是在如此劇痛之下生了她，所以生產的劇痛是沒有任何怨言可說的。

　　「人生人」是按照自然律進行的創造，但現代基因工程，卻有淪為篩選種子，複製「人造人」，造出奇人怪人的危機。若不加以節制，可能造成人類空前的大劫。從美國《時代週刊》的「利用無性生殖」民調，隱約可以看到此種潛在的危險，該刊載：「贊成用基因工程以製造嬰兒，利用其器官者，有24％；贊成用以製造雙胞胎者，有17％；贊成用以複製大量經選『基因』來製造人者，有6％。」《中時晚報》1993(10.31):6)我們實在不敢想像，當人可能按照自

己的願望來「訂製」嬰孩時,會造出什麼樣的人類?萬一造出了一大群孫悟空的話,就是有如來佛祖控制,有玄奘大師調教,讓他們下凡受苦是很不道德的!

【06】

一人三子,六代千丁。

It-jîn sam-chú, liỏk-taī chhen-teng.

人類生生不息。

　　喻指家長的生命力旺盛,子孫蕃延不息的狀態。

　　子:男兒。丁:男人。千:很多。從數字上說,一人三子,六代不是千丁,而只有243人,當然不可能都是「丁」。

　　這句俗語突顯出,傳統台灣人男尊女卑的思想。不過,只有男人上算的偏見,不獨有偶,在古猶太人的社會裡,數人頭也是不計算女人和小孩的。(《聖經·馬太福音》15:38)先人經驗過盲目生產,艱難養育的痛苦之後,認識了節制生育的好處,領悟了「一男一女一枝花,二男二女受拖磨」的奧妙;顯然,他們是不願意實踐添丁的那一套了。我們不可不知,台灣的人口密度高居世界第二位,在1993年人口還是二千萬人時,每平方公里平均有597.9人。而世界上人口密度最高的,是孟加拉,每平方公里有775.5人;但是人口最多的是中國,有十一億七千八百多萬人。(《大英百科全書·九四年鑑》)現代世界是國際社會,人口爆炸不僅是一家一國的災難,也是世界性的災禍。看來,人口多寡,匹夫有責了!

【07】

人身小天地。

Jîn-sin siáu-then-tē.

人的身体是天地的縮体。

這是道家養生術和漢醫學的見解，說人体的生理特性是相應於天地自然的。因此，可以從天地的結構獲得有關人体的，甚至是命運的知識。

語見，元、道士陳致希的《元始無量度人上品妙經注解》：「人之身得天地中正之氣，頭像天，足像地。故曰：『人身小天地。』」

現代漢醫仍然用陰陽五行說，去了解人体構造和性質。例如，把五行關聯人体的臟器，說：肝、筋、目屬木；心、脈、舌屬火；脾、肉、口屬土；肺、皮毛屬金；腎、骨、耳屬水，並且按陰陽一氣的原理來治病。❷ 相命術，也是應用陰陽五行的原理來推算的。

【08】

人有三魂七魄。

Lâng-ū sam-hûn chhit-phek.

人的精神体有魂三魄七。

這是道教的靈魂觀念。

三魂：胎光、爽靈、幽精等三個魂神。七魄：尸狗、伏尸、雀陰、吞賊、蜚毒、除穢、臭師等七條魂魄。道書說「三魂」是清明的精神体，而「七魄」是人身陰濁之氣。（《雲笈七籤・魂神》）我們不知道這些靈体的究竟。

台灣民間信仰認爲，人死後，魂成爲鬼神而永存，但魄卻隨死而亡；人死後每七天散一魄，因此要請烏頭師公「做旬」。❸ 同時，民間的魂神信仰，具體地表現在「收魂」、「收驚」❹ 等等法事上面。當我們觀察台灣民間信仰現象時，看到神壇處處，巫術的烏雲籠罩著寶島，善良單純的人心好像被凶神惡煞牢牢控制著，

實在非常可憐！假如真的要提升台灣人的精神境界的話，不能不優先考慮，應該如何來淨化污染心靈的「陰濁之氣」。

【09】

十二條靈魂挴一間。

Chảp-jī-tiâu leng-hûn chiⁿ chịt-keng.

人在極度駭怕時，十二條靈魂擠壓在一起。

用來形容人受到驚嚇的狀態。

挴：壓迫、擠迫、緊張。一間：一處，一室；究竟是指心、腦或另有所指，不詳。

【10】

人命關天。

Jin-bēng koan then.

生命的價值和重要性是非常重大的。

用來呼籲，護生尊命，保障人權，保護動物權，維護自然環境。

在亞洲幾個古國，「人命關天」喊了數千年，但殘害生命之事，卻層出不窮，例如，死刑冤獄，政府軍警濫殺人民，建造核能發電廠危害眾生，一胎化政策造成女嬰的大屠殺，活生生的販賣死刑犯的器官以供移植等等。在這種現況之下，我們有什麼辦法使「敬畏生命」的倫理觀念，落實在社會，實現於生活上呢？這該是現代人，不能逃避的嚴肅課題吧！

【11】

有錢難買命。

Iú-chên lan maí-bēng.

生命不是錢所能購買的。

　　用法有二：一是、諷刺那依靠錢財，來修長生不死的法術，或行賄買命之罪犯。二是、用來勸人，不可做要錢，不要命的事情，或工作。

　　難：指不能，此處不做「困難」解釋。

　　舊社會腐敗的官場文化，造成了嚴重的「錢可以買命」的假像，如：秦始皇等歷代帝王的求仙，無數富人的煉丹延命，層出不窮的貪官污吏的「有錢辦生，無錢辦死」。用這句古諺來否定他們求長生不死的迷信，批判他們相信用金錢可以贖命，真是恰當。

　　然而，我們不能否認，用金錢來建設清潔、安全、衛生的生活環境，來增進保健、醫療施設，來過著安定的工作和生活，雖然不能買到「永生」，但「要買」健康、愉快、長命，應該沒有什麼困難。但是，現代台灣社會的問題卻是，迷信經濟發展的巫術，而罔顧工業污染，破壞環境衛生，處處顯出「要錢不要命」的瘋狂。臺灣人應該緊急地用行動來反應這句俗語的挑戰。

【12】

蛇愛命，鼠也愛命。

Choâ aí-miā, chhú iā-aí-miā.

蛇與鼠都知道要愛惜生命，何況是人！

　　這句俗語努力地要把「好生畏死」合理化，但更重要的，她是在大聲疾呼：「尊重生命！」「愛護動物！」偉哉先人！蛇吃老鼠，人殺蛇鼠，蟲菌最後來收拾人，是不得已的自然之「惡」，眾生就是如此共生共存的。然而，獨裁者為了滿足其政治野心，而控制人民，發動戰爭，塗炭生靈，是必須反對，應該消滅的邪惡！

【13】

人為萬物之靈長。

Jîn uî bān-bu̍t chi leng-tióng.

人是萬物中，最有智慧的存在。

　　常用來定義「人」，標榜人之優越於萬物。出自《尚書·泰誓上》：「惟天地萬物之母，惟人為萬物之靈。」

　　靈長：靈智最高的存有，此處不是指動物學的「靈長類」。

　　人為萬物之靈長的根本條件何在？古賢人有所教示：「唯天下至誠，為能盡其性；能盡其性，則能盡人之性；能盡人之性，則能盡物之性；能盡物之性，則可以贊天地之化育；可以贊天地之化育，則可以與天地參矣。」（《中庸》22章）可惜，這句名言常被誤用做：人是萬物的主宰，擁有殺戮動物，剝削大地，破壞生態的藉口。其實，人若不知善待萬物，也就沒有資格說他是「萬物之靈長！」

【14】

人有人威，虎有虎威。

Lâng ū lang-ui, hó͘ ū hó͘-ui.

虎用威力，生存在森林裡；人以尊嚴，生活在世上。

　　用來鼓勵人，要有威武不屈的志氣，要生活得有尊嚴。

　　虎威：老虎的安全受到威脅時的激動，也是牠獵食時的「猛」和「殘」的勢態。人威：民間了解做，令人不敢親近的「威形」，如包公或關公的尊顏；在修養上解釋做，人該有威武不屈的意志。

　　人類社會和動物世界，都有憑藉威猛來鬥爭，求生存的一面，而造成所謂「貌輕則招辱」（楊雄《法言·修身》）的殘酷事實。不過，「有

文化」的人，應該制約「威猛」，公道地對待所謂「貌輕」的人才對。不過，這種理想要行在臺灣社會，可能非常困難，因為人與人之間的安全距離不足。怎麼辦？想辦法擴展容人的雅量吧！

【15】

人外有人，天外有天。

Jîn-goā iú-jîn, then-goā iú-then.

人間有比我的能力更強的人，天空有大於我所能看到的天。

用來戒驕傲，勸謙遜，以求更加妥當的知識，深奧的智慧。

這句俗語和「強中更有強中手」的格言有相似之處，但卻含有更深睿的智慧光照。從現代天文學的眼光看來，「人外人，天外天」不無可能，而此一可能性豈不叫人謙虛地再思人和宇宙，人和人的好多問題，例如：人和地球是宇宙的中心嗎？台灣人是最優越的人民嗎？福佬人是台灣人的中心嗎？男人是女人的「主人」嗎？顯然，這句古諺的答案是：「非也！」理由簡單明白：因為「人外有人，天外有天！」❺無疑的，這句諺語對現代台灣人尤有重要的啟示，除了可當做探究學問世界的態度之外，也可用為修睦省籍、族群衝突的原理。

【16】

人，莫有所長。

Jîn, bȯk-iú ső·-tióng.

人各有不同的特長。

用來勸戒驕傲，鼓勵謙遜。

呂坤說得好：「人有一長處，即有一病處，其病處，即在所長之中。」《呻吟語・問學》其實，人的自信心，就是生長在這種謙遜的

心，因爲人各有所長，我是人，所以我也必有所長。健全的社團，美麗的社會，有希望的家庭，豈不是建立在「各有所長」的基礎上嗎？何須嫉妒自卑？何必貶人稱賢？應當集中精力，來發展一己之長；心裡有了自信，人就快樂了！

【17】

荏荏馬, 嘛有一步踢。

Lam-lám-bé, mā-ū chi̍t-pō·-that.

再軟弱的馬，還是有牠属害的一踢。

　　常用做警語：當留意那看來平凡無奇的人，他們一定有其長處。也用來自勵：切勿妄自菲薄，當努力改良自己的弱點。

　　荏荏：相當軟弱的樣子。嘛有：也有。做爲再肯定動詞，其句式是：「消極或否定意義的第一分句＋再肯定動詞＋賓詞」。例如，「就是戇牛，嘛有伊一定的智力。」

【18】

天不生, 無祿之人。

Then put-seng, bu-lo̍k chi-jîn.

上天不生沒有福份的人。

　　用來鼓舞遭遇困難的人，只要樂觀奮鬥，終必得福。

　　天：指人格化的天，意志的天。祿：福份、福氣，古典的祿和福不同，祿爲食饗，福指禎祥。❻

　　民間普遍相信，人皆有福，雖有厚薄輕重之別。這一信念可能寬鬆怨天尤人的壓抑，帶給人「有路用」的自信。❼ 可見這句古諺，在建立樂觀奮鬥的人生觀，還是有其積極的意義。

【19】

天不生無用之人，地不生無根之草。

Then put-seng bu-iōng chi-jîn, tē put-seng bu-kin chi-chhó.

凡是人都一定有用，如草之必定有根。

　　用法有二：一、用來自我鞭策，當善用天賦能力；鼓勵人要自尊自愛，樂觀奮鬥。二、用做價值和存在的反省，主張人、物，都有意義、有用。

　　語見，李白的「將進酒」：「人生得意須盡歡，莫使金樽空對月。天生我才必有用，千金散盡還復來。」

　　用：功用、用途、積極的作爲和貢獻。

　　傳統的台灣人，認識價值的主要公式是：「對我有用的，有價值；對我沒有用的，無價值。」對人，物件、知識、科學、藝術、宗教等等，莫不用此公式來判斷，來分類，來取捨。結果，把價值的世界弄得非常狹小，把數不盡美善的事物都幾乎簡化成工具。當然，個人和社會也都盯住那幾小項「唯我有用」的工具，去奮鬥，去競爭，去擁有。這樣一來，人和社會怎麼會不呆板？人間關係怎麼能不緊張？現代台灣已經是一個多元價值的社會，有力地挑戰著「唯我有用」的觀念。我們若能夠用寬廣的價值觀去面對新的事物，新的思想，新新的人類，那麼前所未覺，多彩多姿，引人入勝的無數新奇景觀，將躍然出現在我們的面前。

【20】

一樣米，飼百樣人。

Chit-iūn bí, chhī pah-iūn-lâng.

吃同樣的米飯，卻養出那麼多異樣的人。

對他人的行動感到意外和失望的慨嘆。這是一句帶有貶義的話。

人的個性、思想和行為是非常複雜的，真是「人心不同，各如其面」，更是「一人諱一項，無人諱相同」。❽然而，與其對他人的行為徒嘆失望，倒不如退而自省，靜觀人間百態，即使得不到智慧的光照，至少也能增加一分安己容人的空間。

【21】

人之初，性本善。

Jîn chi chho˙, sèng pún-sēn.

原初的人性是良善的。

這是一句家喻戶曉的名言，頗能代表台灣人所了解的通俗的人性論。語出，王應麟的《三字經》。

性：人性，指人的本性、本能、理性、理氣。

性善的學說紛紜，最主要的根據可說是《孟子》的這一段話：「惻隱之心，人皆有之；羞惡之心，人皆有之；恭敬之心，人皆有之；是非之心，人皆有之。惻隱之心，仁也；羞惡之心，義也；恭敬之心，禮也；是非之心，智也。仁義禮智，非由外鑠我者也，我固有之，弗思耳矣！」(《孟子·告子上》)這真是美善的哲理，在不斷演出的殘酷悲劇中，人應該學習如何發揮善性，消滅惡性。

不久之前，中國出版了新編的《三字經》，開頭有幾句相當可笑的話：「人之初，無善惡……抗日寇，毛澤東……威不屈，周恩來……核電站，放光芒；隱身術，捉迷藏……」(《中央日報》1994(8.10)：4)

【22】

人的心，都是肉做的。

Lâng-e sim, to-sī bah chò-ê.

看到別人的痛苦，人都會產生同情心。

用來喚起慈心，鼓勵行善。

肉做的：能夠感覺到悲喜憂樂，能被愛惜，被傷害的器官。喻指有知覺，能同情的心性。

人皆有同情心是人性的一個重要假設，聖人早有論證：「人皆有不忍人之心者：今人乍見孺子，將入于井，皆有怵惕惻隱之心。」《孟子‧公孫丑上》無疑的，我們期待臺灣會是一個滿有惻隱之心的社會。那麼，我們要從何處做起呢？好像有幾件根本的事要先做：那就是停止荒謬的政治宣傳，節制渲染名利的廣告，修正自欺欺人的一切教條。顯然，這是政府和人民一體努力的大目標；能夠如此的話，久而久之，臺灣人一定會長得更加俊俏，臺灣社會一定能變得更加安寧。

【23】

鼻孔向落，無一個好人。

Phīⁿ-khang áⁿ-lòh, bo chit-ê hó-lâng.

凡是人，沒有一個是好的。

對惡人做壞事的慨歎，也用來警告人，必要提防凶人的陷害。

鼻孔向[àⁿ]落：鼻孔向下，喻指人；而鼻孔朝上的，是禽獸，如鸚鵡、豬、猴、河馬等等。

儒家大師荀子主張性惡說，基調是：「人之性惡，其善者，偽也。」《荀子‧性惡篇》此處，先人用這句俗語，淺顯、直接、活潑、

可愛地斷言著人性爲惡，眞是與荀子之說相得益彰！雖然性善說不失爲美麗動人的假設，良善的個人也不是沒有，但歷史大事卻一再顯出人類「集體的邪惡」是那麼嚴重，而掩蓋了、毀滅了善人善事的事實，例如在近半世紀以來，蘇聯、東歐、德國、土耳其、烏干達、中國、台灣、南美等地，都發生過「大屠殺」，都有數不盡的「抄家滅族」慘絕人寰之事。顯然的，僅是辯論性善或性惡是太奢侈了，人類緊急的需要是：消滅集體的邪惡！

【24】

觀音媽面前， 無好死囡仔。

Koan-im-má bīn-chêng, bô chit-e ho-si-gín-á.

大慈大悲的觀音媽面前，沒有善類。

用來喚起道德反省，激發慈心善行，以及防範小人暗箭。

觀音媽：觀世音菩薩的俗稱；台灣民間相信祂滿有悲智，常常化身救苦救難，普度眾生。台灣人普遍虔誠信仰祂，若說「大街小巷觀音媽」也不爲過。全台灣有557座崇奉祂爲主神的寺廟。二月十九是觀音神誕日。❾

現今，不僅是台灣社會，幾乎是世界處處，殘暴之氣深重，殺伐魔障瀰漫；人性原惡昭彰，惡行貫滿，眞是「在觀音媽面前，無好死囡仔，」一語成讖。怎麼辦？人能自救嗎？觀音媽、媽祖婆、聖母馬利亞，會顯聖來救渡，來安慰嗎？我們不能不努力尋找拯救之道呀！

【25】

山中有直樹， 世上無直人。

San-tiong iú tit-sū, sé-siōng bû tit-jîn.

山裡還可能看到長得筆直的樹，但世上不能找到誠實的人。

用做警語，說人心是詭詐的，要小心受騙。語見，《增廣昔時賢文》。

直人：誠實的人；直，正直、誠實。《管子・心術》：「大道可安而不可說，直人之言不義不顧，不出於口，不見於色，四海之人熟知其則？」

我們非常驚訝地發現，具有誠實正直民族性的台灣人，於其民間道德價值的尺度上，誠實和正直的重要性不高。誠實總是被當做「愚戇」看待，說率直的人是「戇大呆」⑩，連他的身體結構也被簡化成：「一條腸仔通尻川。」⑪

臺灣人爲甚麼會把「誠實」貶成「戇直」呢？我們發現，那是台灣人從其苦難的歷史事件磨出來的「智慧」，從其統治者的拐騙、剝削、強暴、誘殺、迫出來的「乖巧」。有史爲證：像1902年，日本政府在斗六等地，用「歸順典禮」騙殺崙背265名抗日英雄。⑫又像1947年二二八事件，國府先用「協議」之名騙殺台灣的菁英，後來繼續羅織種種罪名殺害人民，總數在一萬人以上 ⑬，接著是世界上最長的戒嚴統治和白色恐怖。這不但是台灣歷史空前的大屠殺，而且是詭詐的軍政暴力強暴誠實、謀殺正直，毀壞人民的道德心性。如此殘酷，有誰敢再相信誠實？敢再肯定正直？然而，不敢或不信誠實是心病，嚴重地妨害人民的心理健康，擾亂了個人和社會倫理的秩序，造成懷疑詭詐的心性。這終究是毀滅民族的心癌，不開心治療是不行的！

注釋

1. 詳見，阮昌銳《莊嚴的世界》(台北：文開出版社，1982)，頁V-39。
2. 陰陽五行應用爲醫理，歷史悠久，內容複雜，趙棻有簡要的介紹。看：《中醫基礎理論詳解》(福建：科學技術出版社，1981)，頁1-30。
3. 參看，林明峪《台灣民間禁忌》(台北：聯亞出版社1981)，頁290。
4. 收魂、收驚[siu-hûn, siu-kiaⁿ]：孩子或成人「驚著」[kiaⁿ-tioh]時，請「紅頭師公」(紅頭道士)或會「收驚」的人來施法，收回受驚嚇而失散的神魂，謂之「收魂」，又叫做「收驚」。這是民間道教的法術，也是常見的民俗治療方法。(看，洪惟仁《台灣禮俗語典》(台北：自立晚報出版社，1986)，頁57)
5. 神學家宋泉盛曾以「人外有人，天外有天」爲題，精闢地闡述了關於神學方法論的一些概念，以及若干重要的反省。其中有令人深思的話，例如，說：「我們人類沒有什麼資格這樣自負的。只要想一想在人類的歷史中弱肉強食。互相殘殺的事從未間斷，只能叫人氣餒，怎能以『萬物之靈』、『上帝之形象』自吹自擂呢？」(詳見，《教會公報》1994(7.17):16)。
6. 看，高樹藩《正中形音義綜合大字典》(台北：正中書局，1974)，頁1178。
7. 有路用[ū lō͘-ēng]：有爲、有用。在台灣詞彙裡，「路用」是非常重要的，充分反映著台灣人的思想特色。台灣人之了解人的價值，比較不是從人的存在、存活去思考，而是焦點於人的能力、作爲，去認識的。同時應用「唯我有用」的公式去衡量一切價值。
8. 一人讟一項，無人讟相同：[Chit-lâng get chit-hāng, bo-lâng get saⁿ-tâng.]意思是，每一個人的行動，作風都不相同。讟：戲讟、作弄，開玩笑。坊間有寫做「聳」的，但我們不敢苟同，因爲這句俗語沒有「奸邪」作聳的意思。同時「讟」字，可讀做[giàt]。(看，許成章《台灣漢語辭典》，頁394-395)
9. 詳見，阮昌銳，同上引，頁V-4,5。
10. 戇大呆[gōng-toā-tai]：大傻瓜也。
11. 一條腸仔，通尻川[Chit-tiâu tng-á, tháng kha-chhng.]：尻川，屁股

也。喻指性情率直,不知婉轉,不會隱瞞,更不會撒謊,是一句帶有貶義的台灣俗語。

12.詳見,鐘孝上《台灣先民奮鬥史》(台北:台灣文藝社,1983),頁388-393。

13.陳芳明編《二二八事件學術論文集》(台北:前衛出版社,1992),頁112。

第二節　查埔和查某

本節分段：

身體 01-03　美醜 04-07　生命力 08-10

性格 11-14　能力 15-20　工作 21-22

【01】

荏荏查埔，卡嬴勇勇查某。

Lam-lám cha-po͘, khah-iâⁿ iong-ióng cha-bó͘.

軟弱的男人，勝過強壯的女人。

這是舊時代，重男輕女的偏見。

荏荏：相當軟弱的樣子，反義詞是「勇勇」[iong-ióng]。卡嬴：勝過。查埔⋯⋯查某：男人、女人。此處，我們採用沿用已久，最通俗的「查埔」和「查某」。但是，學者的不同意見，也應該予以注意，例如，連雅堂考證出「男人曰查甫」，而陳冠學、洪惟仁和王華南以為正字是「諸夫」、「諸婦」。❶

傳統的大男人主義的教條之一是，男人不但在身體，而且在任何方面都「卡嬴」女人。千百年來，台灣男人的心靈總是籠罩著這種迷信，甚至大部分女人，在潛意識裡還有這種陰魂在作祟。幸虧，近年來台灣很多傑出的女人，全方位地展現著優越的才能，有力地爭取社會上種種重要的地位，大力地主張應有的女權。新女性主義者呂秀蓮，就曾說過這樣的話：「我要提醒男性同胞，不要再苟安於既得的傳統權力中，再不覺醒，不斷求進步的女性將會趕上來⋯⋯便反過來用傳統理想妻子的形象來要求男性。」還

有，社會學者江靜芬，也坦白的說出現代台灣女人的心聲：「從今以後，台灣的女人須要一個男人來做『妻子』！」(《中國時報》1989(9.2):23)

我們欣見女人這種變化「荏荏」為「勇勇」的意識和運動。同時，此一運動的另一層重要作用，就是催迫臺灣男人，往「文明人」的境界去兌變！

【02】

男人七寶之身，女人五漏之体。

Lam-jîn chhit-pó chi sin, lú-jîn ngó·-laū chi thé.

男人的身體是由七種寶物所構成的，而女人的是五漏。

這是男性沙文主義的廢話，更是男女身體構造的惡見。語見，《注解昔時賢文》。台灣總督府編的《台灣俚諺集覽》，也收錄了這句俚語。❷

七寶：心，珊瑚；肝，硨磲；氣，美玉；精，水銀；腦，靈沙；血，黃金；髓，水晶。五漏：二乳，大小便，產門。

令人深覺不安的，現代台灣的某一門民間宗教，竟然還在濫用這一句話，用它來愚弄女教徒。該教的「教條問答」中有這樣的話：

問：〔何謂〕五漏？

答：坤道〔女信徒〕有五漏之体，不能為事主、身主、家主、物主、聖主。❸

無疑的，台灣社會男尊女卑的陰魂猶未散盡！仍然結構在某些有力的民間組織，潛居在臺灣一般人的下意識。凡我女權同志們，仍須多多加油啦！

【03】

三十歲查埔是眞童，三十歲查某是老人。

Saⁿ-chåp-hoè cha-po͘ sī chin-tâng, saⁿ-chåp-hoè cha-bó͘ sī laū-lâng.

三十歲的男人，像乩童能蹦能跳；而三十歲的女人，卻已經是一個衰老的婆婆了。

又是一句廢話，但留下來做臺灣文化的反省。

童：童乩[tang-ki]、乩童。眞童：所謂眞正被神靈附身的乩童。坊間有寫做「眞銅」的，但我們認爲應該是「眞童」，如此才能滿足和「老人」做比對的修辭上的要求。

【04】

男人三十一枝花，女人三十老人家。

Lam-jîn saⁿ-chåp it-ki-hoa, lú-jîn saⁿ-chåp laū-jên-chia.

三十歲的男人如盛開的花，而三十歲的女人卻像個老婆婆。

意思和用法類似上一句。

句裡的「老」字，是以舊時代所謂的「適婚年齡」爲標準的，反映著「十七、八歲愛出嫁」的往事。用在提醒家長：必要及時擇婿嫁女，否則過了二五、三十，豈不誤了女兒的終身大事！

其實，這句俗語令人覺得比較有意思的是第一個分句：「男人三十一枝花」。因爲我們知道，台灣人總是喜歡用花的美麗可愛，來命名女孩或形容女人的，如：芳梅、蘭花、春菊，等等。但此處，卻把花「插」在男人身上，而這一插，插得很漂亮。豈不是說：男人不可以「粗勇」爲當然，應該從外表、從品性，多多美化自己嗎？我們知道，世上許多美好的事物，並不是二極化的非陰則陽，

非剛則柔，非圓則缺，人品之美也不例外吧？沈謙在「梁實秋是雞
冠花」一文，記有冰心的話，說：「一個人應該像一朵花，不論是
男人或女人，花有色、香、味，人有才、情、趣，三者缺一，便
不能做人家的一個好朋友。」(《中央日報》1994(10.31):5)這幾句話，頗能
邀人三思！

【05】

四十歲查埔是鸚哥，四十歲查某是老婆。

Sì chảp-hoè cha-po͘ sī eng-ko, sí-chảp-hoè cha-bó͘ sī laū-pô.

四十歲的男人如同豔美的鸚鵡，而四十歲的女人卻像個老太婆。

　　這又是舊時代，大男人主義者的狂言。

　　鸚哥：鸚鵡，用其鮮豔的羽毛，伶俐的口舌，喻指又帥又會蓋的
男人。老婆：老婦也。不是現代中文「老公」的相對詞。

　　也許這句俗語的說法，令女士們生氣，讓羞恥感敏銳的男士
們不自在。不過，它確是舊社會的映像之一：在農業社會中，四
十歲年齡層的大部分婦女，生養眾多，營養不良，操勞過度，自
然比那些養尊處優的同年齡男人衰老得快。所以，凡是以「四十歲
鸚哥」自傲的，就應該反省：我這隻鸚哥，是不是受苦的老婆的產
品？還有，說中年女人是老婆，不但不實在，沒有禮貌，也是語
言的禁忌！應當知道，進入中年以後，特別是女人，對年齡總是
比較敏感，懼老的心理比較強烈，所以讚美她們青春永駐，愈來
愈美，已經是深受女士歡迎的詞令了！沈謙在「溫柔的空氣」裡，
記有郭良蕙和高信譚在婦女會的講詞，他們的說詞頗值得玩味：

　　郭良蕙說：「女人四十一枝花，五十是玫瑰花，六十是喇
　　叭花，越老越發！」高信譚接著說：「……女人嘛，女人四十

剛發芽！至於在座還有少數幾位二三十歲的小妹妹們，妳們啊—您們恐怕還沒有發芽，妳們是快樂的小豆豆！」(《中央日報》1994(11.15):4)

據說，此次演講會，空氣非常溫馨，非常非常的成功！

【06】

查某唔認醜，查埔唔認戇。

Cha-bó͘ m̄-jīn baí, cha-po͘ m̄-jīn gōng.

沒有自認爲難看的女人，也沒有自覺愚笨的男人。

用來勉勵人，必須努力克服自己的種種限制，不可隨便認輸。雖然這句俗語，在字面上說的是，沒有自認難看或愚笨男女。

唔認：不承認。醜：面貌難看。戇：覺識遲鈍。

在今日台灣社會，我們隨時隨地可以看到，成千上萬不甘心認醜的女人在勤修著「外功」，如帶氧運動、打太極，學化裝美容，甚至去拉皮整容，來美化面目；她們也常練「內功」，像補習升學、讀書進修，或是觀光見學，來擴充智識見聞。她們的努力，也已經獲得相當好的「成績」，成了男人的挑戰和威脅。相形之下「台灣男人變難人」，卻是個新現象，社會學者彭懷眞指出：

當台灣的女性邁開大步，朝著「改變、生長、發展」的路上穩定前走之時，台灣的男性正面對空前的紊亂、徬徨、矛盾。想要改變，又不願付出改變的代價，想要多尊重和体諒，又怕自己吃虧……整体說來，台灣有愈來愈多數的男人覺得自己成爲難人。(《中央日報》1994(10.03):6)

怎樣？昔非今比吧。現代台灣的查某人，何只唔認醜？是相當的唔認戇了！搞國際宣傳的，切記，唔認戇的臺灣新女性，是很有新聞價值的大標題！

【07】

查某囝仔，十八變。

Cha-bo͘-gín-á, chap-peh-pèn.

黃毛丫頭十八變。

　　用法有二：一是安慰父母親，說芋仔小姐會變成阿里山姑娘
的。二是讚美小姐，誇獎原來並不怎麼漂亮的小女孩，卻變得多
麼的漂亮。

　　十八變：多變；十八，指許多，如：「查某囝仔，上轎十八變。」

【08】

查某囝仔，油麻菜籽命。

Cha-bo͘-gín-á, iû-moâ chhaí-chí-miā.

女孩的生命像油麻菜籽，從不同的土壤中開化結籽。

　　舊時，用來斷言，小姐的命運隨著結婚而改變。現代用法，
指女人的生命力強韌，很能適應環境。

　　油麻：麻類的植物，如大麻、胡麻、亞麻等，其種子可榨油。菜
籽：蔬菜的種籽。命：運命、生命、生命力。

　　在舊時的台灣社會，多數女人依附男人而生，因此這句俗語
被解釋成：女人的命運隨結婚而改變，就像油麻菜籽的「臭賤」
❹。但現代的台灣女人已經用她們的能力、意志和行動來否定此一
偏見；她們的生命是豐盛的，命運是莊嚴的，值得洪瓊「女人是山」
的頌讚：

　　　　女人是女兒，是妻子，是母親；道義似水，責任如山。
　　　　女人有淚不輕彈，……將淚珠化成冰稜，將愁眉聚成山
　　巒。

女人是山，一樣偉岸，一樣立地頂天；

女人是水，一樣勢不可當，一樣飛流直下。

女人和男人一樣，擔起責任，托起天地，留下腳印一串串⋯⋯

(《中央日報》1994(1.4):5)

【09】

查某囡仔, 韭菜命。

Cha-bo͘-gín-á, kú-chhaí-miā.

女孩子的生命力，有如韭菜一般的強韌。

舊時用來表達，女孩比較容易養育，不必像男孩之須要細心照顧的說法。這句俗語，雖有女孩有極堅強的生命力的涵義，但卻是重男輕女的一偏之見。

韭菜：百合科，葱屬，多年生草本，其莖黃白，葉柔長，味辛甘；含豐富的鈣、鐵和維他命C，中醫說有補腎壯陽之力。它容易栽種，價錢又便宜，是所謂「臭賤」的蔬菜。韭菜命：指強韌的生命，韭菜的生長力特強，在數日中，可一再收割。

台南市東門圓環附近，小吃店的「韭菜冷盤」是極受歡迎的宵夜小菜：整條韭菜稍微一燙，冰涼，搵蒜茸豆油膏，配燒蕃藷籤糜，真能刺激食慾，包君嘻嘻嗄嗄 ❺，非吃得大大解放褲帶不願罷休的！

附記：上面這段話是去年夏天寫的。今年(1996)三月底，筆者回國，前去台南那間老店，要重嚐冷韭菜配燒蕃藷籤糜的滋味，但是他們已經不賣「韭菜冷盤」了。說是，冰涼的韭菜，難保青翠。只好大嚥口水，束腰而回！

【10】

查某囡仔人，捻頭飼會活。

Cha-bó͘ gín-a-lâng, liám-thaû chhī-ē-oàh.

女孩子在極端困難的環境中，仍然能夠生活下去。

　　這句俗語，顯然含有不合「人權」的思想，其表現法也很殘忍。雖然，意思莫不是說，女孩有很強盛的生命力。

　　捻頭：把頭摘下來。捻，折斷。

　　我們必須注意，目前台灣社會仍然有濫用女性堅韌的生命力的事，台北「婦女新知基金會」指出：台北市46萬女性就業人口，其中將近80％集中在服務業，而服務業並沒有勞基法的保障。女性上班族面臨的困境是：普遍的就業歧視，勞基法的保障沒有落實，工作場所性騷擾，四分之一以上的事業單位，沒有給至少八週帶薪的產假。(《中國時報》1994(9.28):16)

【11】

十婦，九妒。

Sip-hū, kiú-tò͘.

女人善妒。

　　嫉妒是人情，不分男女，正是所謂的：「女無美惡，入宮見妒；士無賢不肖，入朝見嫉。」(鄒陽，《獄中上梁書》)古人強調女人善妒，乃是欺負女人之詞！

【12】

十個查某，九個嬌。

Chàp-e cha-bó͘, kaú-e hiâu.

女人多煽情。

嬈：女人用言語、姿態、動作，對她所喜歡的男人表示她的性的魅力。這是所謂的「發情」也，在男人，叫做「鵤」[chhio]。實際上，舊台灣社會裡，禮教殘酷地束縛著女人，她們根本就沒有嬈的空間。其實，鵤的倒是男人！

附帶一記：六十年代，筆者就讀台南神學院，聽到一則嬈的逸聞，頗有意思：

好久以前，台南長榮女中，有一位英國女宣教師用英國台語教課。講解了一段課之後，親切地問學生：

「恁會嬈抑獪嬈？」

懷春的女生聽了，個個面紅耳赤，低頭忍辱。

老師驚看一班傻丫頭如此「變相」，於是急忙著再鼓勵：

「毋通恬恬，著講，會嬈抑獪嬈？」❻

這時，全班忍俊不禁，捧腹笑得東倒西歪。老師，更加不解，憤憤地說：

「安靜！安靜！若要鵤，著去外口草埔鵤！」

難啦！台灣話豈是三年五載學「會曉」的。美哉！其音義奧妙，曉嬈各有勝義。

【13】

女人心，海底針。

Lú-jîn sim, haí-té chiam.

了解女人的心思，如同海裡撈針。

喻指女人的心思深不可測，超乎男人的理解力。

不過，聰明的男人不用分析法去了解她，而是用心意情懷去「感受」她。易殿選在「關於女人」一文裡，洩漏了他對女人的一番「体悟」：

　　好女人也是一篇充滿感性的散文，初讀的時候，空靈、曼柔，甚至還有一些散淡，而待讀到結尾，你會猝然之間体悟到那蘊含其中的非比平常的韻味……有流泉似的清澈，激切，又有春野般的坦盪、靜遠。而且每讀一遍，都會給你以新的感觸。(《中央日報》1995(4.3):7)

【14】

惹熊惹虎，毋通惹著刺查某。

Jiá-hîm jiá-hó͘, m̄-thang jiá-tioh chhiah-cha-bó͘.

千萬不可惹上剛陽敢鬥的女人，她們比北極熊，比唐山虎更難對付。

　　用來警告那些喜歡吃女人豆腐，或貪她們便宜的無聊男人。

　　惹：刺激、挑起。毋通：不可。刺：專指女人剛烈，勇於奮力鬥爭的性格。

　　台灣人經驗的「刺」有二大類：「精神刺」和「甕籠刺」[áng-láng chhiah]。前者，是指能夠通情達理，又有據理力爭的勇氣的女人；後者，是指不明是非，但憑愚勇蠻力而大吵大鬧的婦女。精神刺的女人爲明理的丈夫和親友所敬重，乃是建設現代化幸福的家庭和國家的棟樑。

【15】

月光，獪曝得粟。

Goeh-kng, boē phak-tit chhek.

月亮的光輝，不能曬乾稻穀。

　　這是舊時代罔顧女人能力的偏見。

　　月光：指女人。粟：稻的穀粒。曝粟：曬乾稻穀，是收稻穀入穀

倉前的必要作業。顯然，用「月光」和「陽光」來做女人和男人能力的類比是荒謬的。這大概是傳統「男陽女陰」思想的泛化濫解吧。

【16】

光光月, 唔值著暗暗日。

Kng-kng goeh, m̄-tat-tioh ám-ám-jit.

光輝皎潔的月亮，比不上昏暗的太陽。

這是說，能力再高強的女人，也比不上昏庸的男人。真是豈有此理！

【17】

雞母啼是禍, 唔是福。

Ke-bú thî sī-hō, m̄-sī hok.

雌雞司晨是禍非福。

雞母：母雞，指女人。雞母啼：會啼的母雞，喻指能幹的女人。

這是舊時，大權在握，但缺乏自信心，又充滿自卑感的男人，用來壓迫女人的藉口。其實，一般台灣人既敬愛又珍惜能婦賢女的，有俗語為證：「一個某，卡好三個天公祖。」，「尪公聖，唔值著尪媽定」，「無好後台，行無好腳步。」❼

我們不可忘記，自有人類以來，「雞母」是啼不停的，不然那有生生不息的「雞父雞子」。趙珠蘭在「領導潛能」一文裡，要男人正視此一事實，她說：「創造、孕育、培訓、啟發、照顧，使未來的理想自然的逐步實現，這是真正領導內容。女人做這種工作，有幾千年悠久歷史的訓練。」(《自立周報》1994(10.28):14)

【18】

雞角啼應該, 雞母啼著刣。

Ke-kak thî éng-kai, ke-bú thî tiòh-thaî.

應該啼的是公雞，若是母雞啼就該宰殺。

這又是壓制女人的廢話，也是台灣民間的迷信。

雞角：公雞，指男人。

台灣民間認為母雞啼叫是禁忌凶兆，說是牠看到了鬼怪。此時，家人就得「摔鹽米」以除邪穢❽，也有「斬下雞頭，連同冥紙紮在竹竿，豎於田頭田尾，以茲禳解。」❾

【19】

查某，放尿漩𣮈上壁。

Cha-bó͘, páng-jiō soān boē-chiūⁿ piah.

女人的能力比不上男人。

是一句全盤否定女性能力的老話。

放尿：撒尿。漩：灑、噴。

雖然能女賢妻可能得到個人或鄉里的敬重，但是我們的社會尚未能超越普遍低估女人能力的偏見和弱點，一般民間重男輕女的惡習積重難返，政府機關更是嚴重，從中央和地方政府女性的一級主管的比例，可見一斑：

中央主管人數481人，女主管22人，比例是4.57%；

台灣省主管人數58人，女主管1人，比例是1.75%；

台北市主管人數58人，女主管3人，比例是5.17%；

高雄市主管人數45人，女主管2人，比例是4.44%；

（《自立周報》1995(3.17):10）

【20】

女子無才，便是德。

Lú-chú bu-chaî, pēn-sī tek.

女人的賢德在於她的無能。

語見,《紅樓夢》第四回。

老頭腦認為,女人一旦有了才能,就無法迫她實踐三從四德,唯有愚化她,才有踐行封建禮教的可能。明鄭、清國據台時期,台灣極大多數的女子未能受教育,就是富人家的女孩也不過讀些《三字經》、《昔時賢文》等書罷了,能認得粗淺的幾個字,已經非常難得了!

以無能為賢德,應是老子之說,但卻被孔子之徒所嚴厲執行,並且積成了漢文化的一筆大爛賬。幸虧台灣這一世紀以來,大革女子無才的命,而其成果也相當輝煌。就以15歲以上女人「有讀寫能力」(literacy)的而言,台灣在亞洲是排名第二;能讀寫的女人的人口比率是:菲律賓98.7%,台灣88.2%,越南84.0%,南韓74.9%,日本70.3%,中國68.0%,印度33.7%,泰國31.0%。(《大英百科・九四年鑑》)但我們不可以此自滿,當知英國、法國都是100%!

【21】

查某囡仔, 乞食工藝也著學。

Cha-bó͘ gin-á, khit-chiah kang-gē iā-tio̍h o̍h.

就是再低賤的手藝,女孩都該學習。

鼓勵女孩認命,凡事要認真,學點簡單的手工來維持生活。

工藝:工夫、手藝、手工。乞食工藝:賺錢少、勞動時間長而又不固定的手工。

雖然勞動是神聖的,但我們必要改變「乞食工藝」的思想和做法,因為這種勞動不能供給女人經濟和人格獨立的基本需要。可惜的是,今日台灣的多數女人,仍然在所謂的「乞食工藝」中討生

活。只有那些像林萃芬在「21世紀女性」所指出，少數受過良好教育和專業訓練的，才能夠擺脫傳統怨婦型的職業婦女形象和意識，來形成「粉領族群」，在職業中体會樂趣，發展才能，展現自我，而不再是單純地尋求經濟上的獨立。(《中央日報》1995(3.12):8)

【22】

三條茄， 唔值著一粒蟯。

Saⁿ-tiau kiô, m̄-tat-tio̍h chi̍t-lia̍p giô.

一個女人賺的錢比三個男人多。

　　茄：茄子，此處取其陽莖形象特徵，而用來喻指男人。蟯：蚌的一種，如粉蟯、翠蛤，象形陰唇，喻指女人。唔值：次等的價值，比不上，不如。

　　這是一句含有貶義的俗語！表面上是讚美女人比男人更會賺錢，但裡面是在諷刺女「性工作者」。台北曾流傳著這麼一句俚諺，說：「永來伯啊九條茄，唔值著盧阿香一粒蟯。」❿

注釋

1.有關「查埔」和「查某」正字的考證和討論，請參考：連雅堂《台灣語典》(台北：金楓出版社，1987)，頁102；陳冠學《台語之古老與古典》(高雄：第一出版社，1984)，頁228；洪惟仁《台灣禮俗語典》，頁82-83；王華南，「校後記」在陳修《臺灣話大詞典》，頁2072。

2.台灣總督府《台灣俚諺集覽》(台北：台灣總督府，1914)，頁148。

3.蘇隆義發行《晨鐘》(台南：大千出版社，1974)，頁31。

4.臭賤[chhaú-chēn]：跟臭與賤無關，乃是形容蔬菜、花草，「隨遇而安」，容易栽培，生長又快又茂盛。

5. 嘻嘻嗄嗄[si-si sá-sà]：咬嚼食物，狼吞虎嚥時，由口腔食道發出來的，人類最原始的「戰鬥」聲。

6. 「毋通恬恬」[M̄-thang tiām-tiām]：不可靜靜無言。「著講」[tioh-kóng]：應該說話，應該回答。

7. 這三句俗語，清楚地反映著台灣男人對妻子的態度。「一個某，卡好三個天公祖。」[Chit-e-bó·, khah-hó saⁿ-e thiⁿ-kong-chó·]：意思是，一個太太，比三個天公要來得重要。「尪公聖，毋值著尪媽定」[Ang-kong siàⁿ, m̄-tat-tioh Ang-má tiaⁿ]：意思是，尪公雖然靈聖，不如尪媽聖意的決定。尪公、尪媽是台灣民間的神道。「無好後台，行無好脚步。」[Bo-ho aū-taî, kiaⁿ-bo ho-khā-pō·]：是說，沒有好的後台，也就不能有成功的演出。後台：指妻子，她如導演、樂團、背景。脚步：丈夫如臺上的演員，其表演須要後台的指點、支援、配合。

8. 捽鹽米[siak iâm-bí]：撒鹽巴和白米於觸犯禁忌的地點，以驅逐邪穢，叫神鬼不可再作弄。(看，片岡巖著，陳金田譯《臺灣風俗誌》(台北：大立出版社，1981)，頁631)還有，對那些所謂「帶煞」的凶人，民間也有用捽鹽米來「消毒」的。總之，捽鹽米就是宗教教學上淨化(purification)的巫術之一。

9. 林明峪《台灣民間禁忌》，頁262。

10. 永來伯啊九條茄，毋值著盧阿香一粒蟯[Éng-lai-peh-à kaú-tiau-kiô, m̄-tat-tioh Lô· A-phang chit-liap giô.]：意思是，永來伯伯的九個後生以勞力賺的錢，比不上阿香小姐一人的「特種」收入。

第三節　生與死的沉思

本節分段：

生死注定 01-03　死爲必然 04-09　死則歸土 10-11
死之多樣 12-17　死萬事休 18-23　死的冥想 24-28
好生惡死 29-31

【01】

未注生，先注死。

Boē chú-siⁿ, seng chú-sí.

人在誕生之前，死亡就已經被決定了。

　　用來安慰遭遇死神肆虐的親友，勸他接受死亡是無可奈何的
命數。

　　註生：誕生爲人是被決定的；註，決定。註死：死是被決定的，
是人不能逃避的定命。

　　究竟是誰在決定人的生和死呢？台灣民間的善男信女相信，
天，或天公決定人的命數。❶但民間道敎說的是，北斗星君注定
人的壽數。

【02】

南斗注生，北斗注死。

Lam-taú chú siⁿ, pak-taú chú-sí.

南斗星君和北斗星君，分別掌管人的生死。

　　這句俗語反映著台灣民間有關生死的宿命見解。

　　南斗：南斗星君，乃是南斗六星的神化。民間相信她註定人的壽

數，並將她當做壽星來崇拜，是爲南極仙翁。北斗：指北斗星座，以爲北斗星君的居所；民間道教相信，北斗星君有註死的權能。❷

為甚麼北斗星和人的壽數關聯了起來呢？可能是星相家聯想，那北斗星座是推動時間和人事的一部大機器，人類的壽數當然受其控制。這種說法的根據是：「北斗七星所謂旋璣玉橫以齊七政……斗爲帝車，運於中央臨制四鄉分陰陽，建四時，均五行，移節度，定諸紀。皆繫於斗。」(《史記》卷27)

【03】

生有時，死有日。

Siⁿ ū-sî, sí ū-jit.

人有一定的生時死日。

常用來安慰喪家。這句俗語的重點是在於第二分句。

有時……有日：有特定時間和日子。

民間不但接受「生有時」的說法，而且相信人誕生的時辰決定他一生的吉凶成敗。近年來，有些極端迷信此說的人，慫恿孕婦去做「吉時」剖腹生產。筆者曾在台南市看到某個命相館，竟然在招牌上大膽打出「看時臨盆」的廣告。

【04】

有生，就有死。

Ū siⁿ, chiū ū-sí.

死是必然的。

用來安慰喪家，道出死亡的必然性，勸請他們多多節哀順變。

死，是人所忌諱的，但現代的台灣人，卻頗能理智地去想一想死的問題。這未嘗不是台灣人邁入更成熟的心理階段的跡象。

據「安寧照顧基金會」抽樣訪問366名民衆，有如下的結果：

想過死亡問題的人有85%，其中90%是青壯年人；

關心死亡的，女性佔70.8%，男性27.9%；

因親人好友去世而想到死亡的有42.1%；

認爲立遺囑並非臨終之事的有74.6%；

而以立遺囑爲臨終時之事的21.3%；

認爲應該給臨終的人做心理輔導的82.2%。

《中時晚報》1993(11.16):10)

【05】

水，照圳行。

Chuí, chiáu-chùn kiâ^n.

死是自然催迫的力量，好像水隨溝渠而流逝。

這是安慰喪家的話。這樣講，是把死亡看成生命屈服於自然力的必然結果。對死亡能有如此坦然的態度，實在是太不簡單了！

圳：人工挖掘的水溝，主要地用來灌漑農田和排水。

我們不可不知道，圳溝對台灣的農產和生活有決定性的貢獻和影響。給我國首開水利的是鳳山拔貢施長齡和黃仕興，他們籌措鉅資，於康熙19年(1680)在彰化縣二水鄉鼻仔頭，按「林先生」傳受的水利圖，費時十年，開鑿八保圳，其灌漑面積達二萬多公頃。另有鳳山知縣曹謹，於淸道光十七年(1837)，得地方父老士紳贊助，用二年時間，挖掘四十四條圳溝，使鳳山、大寮、大樹等地區，二千多甲土地獲得灌漑，成爲耕地。人民感念他們的功德，分別在二水鄉和鳳山市，立「林先生廟」和「曹公祠」來奉祀。

《中國時報》1990(1.14):17；《中央日報》1994(12.07):6)

【06】

歲壽，該終。

Hoé-siū, kai chiong.

壽數滿足的自然死亡。

　　用來寬解死亡的哀傷。

【07】

七十三，八十四，閻羅王免叫，家己去。

Chhit-cha̍p-saⁿ, peh-cha̍p-sì, giam-lo-ông ben-kiò, ka-kī khì.

壽數滿足的時候，死就來到。

　　戲謔話，是說人老了終要逝世。

　　七十三、八十四：係指滿足的壽數。舊時七十歲以上的人，就算長壽，如所謂的「人生七十古來希！」那麼，憑什麼說台語的「七十三」和「八十四」含有「滿足的」意義呢？我們的看法是：台語的十和十二表示「完滿」，是眾所周知的，而7＋3和8＋4的和，正是十和十二。此外，據說台北人有用「七十三、八十四，」來諷刺講話囉嗦的人。❸閻羅王：是梵文Yamaraja的意譯，原是古印度神話中管理地獄的魔王。但民眾道教化約佛教無數大小地獄成為十殿閻羅，且由閻羅王來審判死者，按其生前的行為受報於森羅地獄。流通不絕於民間的善書《玉歷寶鈔》，對地獄的慘景有詳細的描繪。

【08】

彭祖走到不死州，也是死。

Phîⁿ-chó͘ chau-kaú put-sú-chiu, iā-sī sí.

長壽如彭祖，也難逃一死。

　　諷刺那善於養生的「老長壽」，終於死了。

　　彭祖：相傳彭祖姓籛名鏗，因受堯帝封於彭城，又享長壽，而有

「彭祖」的尊稱。同時，他也是神話中的仙人，一生以「好恬靜，惟以養神治生爲事」(《列仙全傳》)；他擅長房中術和調鼎，享壽820歲，配49妻，生54子，民間奉爲「壽神」。台灣沒有專祀他的寺廟，忌日是四月12日。
❹ 另說：彭祖生性仁厚，少時巧遇八仙。彭祖待以酒食，諸仙深感其德，知其壽數僅有二十，於是諸仙各賜給他百齡，供他享樂820載。❺ 不死州：不死之地，當然是個虛擬的地方。

這句俗語有力地斷言「死亡」的絕對性，一反道教尋求長生不死的願望。同時，它也淸楚地反映著貧困的台灣先人，不滿剝削階級的養神治生，鑽求富貴長命。如此尖刻的諷刺，自非「人生直作百歲翁，亦是萬古一瞬中」(《樊州文集‧池州送孟遲先輩》)一語所能比擬的！

【09】

雨落四山， 終歸大海。

Hō·-lȯh sí-soaⁿ, chiong-kui toā-haí.

雨水從天上降到山頭的四面，最後仍然流歸大海。

用來寬解悲哀的喪家。以雨水流歸大海，來喩指死是生命自然的歸宿。這種安慰，未免令人覺得太理智，太無情了！

【10】

去蘇州， 賣鴨卵。

Khǐ so· chiu, bē ah-nn̄g.

人死了，已經埋葬了。

戲謔話，是說某人已經死了，葬了！

蘇州：黃泉，是土州的訛音。

【11】

葉落九州，根同一處。

Iap-lȯk kiú-chiu, kin tông it-chhù.

葉落歸根，就是死也要在自己的家鄉。

用法有二：舊時，用做「葉落歸根」。現代，用做「一生認同自己的鄉土」。

九州：故鄉、鄉土、大地。九州原是古中國的天下，分爲冀、豫、雍、揚、袞、徐、梁、青、荆等。(《書經·禹貢》)

國家認同的危機，被認爲是臺灣人所當面對的根本問題，因爲長久以來國府教育政策的偏差，造成學生有中國幻想，而沒有臺灣意識，更談不上認同台灣。結果是《閏八月》的「九五年中國血洗臺灣」邪說一出，九六年三月中國飛彈向台灣領海一射，就爭相移民、脫產，徹底實行著「危邦不入，亂邦不居」的中國敎條。當然，人民「逃難」求生，是沒有什麼可議之處的。

莊稼，出生在山東，十七歲隨軍來臺灣，後來留居美加等國四十餘年的海洋生物學者，在「處處是家」，有一段令臺灣人深思的話：

> ……到加拿大一住二十四年，有了自己的房屋，孩子們長大了，她們讀書，她們成家立業，而我對家的觀念卻越來越模糊。四海是家……家的觀念模糊，國的觀念也模糊了。我是一個海洋生物學家，科學沒有國界……只要是眞理，都一樣……我是中國人、加拿大人、山東人、西雅圖人、香港人，都不重要。一隻自由的鳥，在天空中飛，天空不屬於任何一個政治團體。處處是家，處處不是家。「根」不會變，葉

是要落，落葉不一定歸根，飄飄的與白雲爲伍又何嘗不好？
(《聯合報》1994(7.28):04)

不過，能像莊稼這種「自由的鳥」，爲數極少；大部分人，是需要鄉土國家的。因此，應該注意的問題是，爲甚麼人民甘願變成「難民」，而缺乏保衛「危邦」，消滅「亂源」的意志？爲甚麼有那麼多台灣人，把這美麗的鄉土棄如敝屣？另一方面，值得想一想的是，臺灣有人在暢談「地球村」的同時，爲甚麼有不少先前逃難於國外的台灣人，紛紛回國定居，或就業，或從政，誓要和她共存亡？難道這不是「根」的認同嗎？

總之，我們深信，在一個能夠立命的鄉土，可獻身的國家，來和愛我的親友爲伍，養我的山水爲伴，來落葉，來歸根，是非常自在，非常幸福的。不是嗎？您說！

【12】

一樣生， 百樣死。

Chit-iūn sin, pah-iūn sí.

人出生的方式一樣，死的原因和狀況，卻是那麼不同。

常用來表達，對於意外死亡，或遭遇橫死的哀嘆。

無疑的，人類死亡的原因和狀況，是複雜而多樣的；但是，台灣人卻有十大死因。按行政院主計處統計，1993年居前十名的死亡原因依序是：惡性腫瘤、腦血管疾病、意外災害、心臟疾病、糖尿病、肝病、腎臟病、肺炎、高血壓性疾病、支氣管系統疾病。所謂「意外災害」係指車禍,而車禍以台東花蓮二縣最多；「肝炎、肝硬化」的死亡率，則一直比世界先進國家爲高。(《中國時報》1994(9.28):34)由上面所舉的，我們不難看出，環境衛生和個人的生活方式，與死亡的原因是息息相關的。眾所周知的，臺東花蓮的同胞，

以醉後騎機車而聞名全國！

【13】

棺柴貯死, 無貯老。

Koaⁿ-chhâ te-sí, bô té-laū.

棺柴收殮的是死人，不是老人。

　　用來感嘆青壯年人的不幸死亡。

　　貯[té]：收、納、盛、藏。

【14】

十七兩, 翹翹。

Cha̍p-chhit-niú, khiáu-khiàu.

翹辮子。

　　說某人死了，是一句戲謔話。

　　翹翹：重量超出秤點，以致秤桿翹起。十七兩：指生命超過壽數
的限度，比喻死亡。原來，一台斤有十六兩，而十七兩是超過秤點。

　　台灣有比「翹辮子」更酷的童謠，唸出臨死的慘狀：「頭毛冷
冷，嘴齒定定，尻川𣍐喘氣，嘴閣𣍐放屁。」❻人面對死亡，尤能
如此「幽默」，也算是很不簡單的。但我們頗覺得不忍心，因為這
些戲言，所嘲諷的是「死人」，所侮辱的是逝者為「人的」尊嚴啊！
為甚麼不敢戲弄「死亡」？其實，在死亡面前，人類所需要的乃是
像聖保羅那樣的勇氣和超越，他凱旋地呼喊著：

　　　　死亡啊！你的勝利在哪裡？

　　　　死亡啊！你的毒刺在哪裡？

　　　　…………

　　　　（《聖經·哥林多前書》15:55）

【15】

無風無搖，倒大欉樹。

Bo-hong bo-iô, tó toā-chang-chhiū.

一個看似強壯的人，竟然一臥不起。

常用來感嘆一個熟人的暴斃。

無風無搖：比喻正常的健康狀態，沒有任何疾病或症狀。倒：死。
大欉樹：喻指健康、強壯的人。

【16】

一割喉，二上吊。

It koah-aû, jī chiūn-tiàu.

舊時自殺常用的二種方法。

厭惡死，同時又重視死，是台灣文化的重要特色。因為厭惡死，所以每一個人都好生，於是對自殺的人也就有偏見，認為其陰魂不散，往生極樂無門。另一方面，因為重視死，因此必須富貴而死，必要子孫滿堂，要求壽終正寢。如此惡死又好死的結果，在舊台灣社會裡幾乎沒有人是為了哲學的人生見解，或為了強烈政治理想的堅持而自殺的。偶而有之，大多是殉情、殉夫、殉面子。但不論因何自盡，用何種方法自殺，總是令人感到非常哀傷，萬分悲痛。

還有，對於自殺，臺灣人總是容易加以批判，而又離不了譴責：逃避家庭義務，損傷民族元氣，罔顧國家責任，一類的大罪。同時，也都能開出冠冕堂皇的處方，來防止自殺，例如，晨旭在「生與死」一文裡，就有這樣的話：

……透過立功、立德、立言的社會，人可以將有限生命

投入社會與國家民族發展的事業中去，個人的生命也就在人類無窮的發展中獲得永生。(《中央日報》1995(3.20):5)

晨旭的話是很典型的，很道統的漢人的「生死觀」，反映出台灣教育最不實在的地方：太過份強調社會、民族、國家的事業和價值，以至於輕忽了個人存在之目的、價值、權利。近代的中國史、日本史、臺灣史、德國史清楚顯示，獨裁政權都是利用如此「偉大的」理論，把國民當奴工，當炮灰，要他們去犧牲，去成全「社會與國家民族發展的事業」。

誠然，自殺者可能有未盡責任，或逃避責任之處，但是我們要問：社會、國家、民族是否盡了做為他人的母親、教師、朋友、保鏢、醫師、護士的職責？要求他獻身的主義、領袖、國家、民族、政黨、教條的真面目是什麼？這些對象值得他無悔的獻身嗎？它們是一姓一黨的事業，或真正是民主、民有的？

【17】

乞食，死在馬槽內。

Khit-chiah, sí-tī be-cho-laī.

一個無家可歸的人，還死得不錯。

背景是：舊時的乞丐或流浪人常常暴死在破廟裡或荒郊中，如果能得到善士收容，借他在馬廄裡過逝，算是非常幸運的事。這句俗語反映著傳統台灣善士的義舉，有其時代性的意義。

今日台灣不乏慷慨捐輸淨財，熱心建立功德的大善人。但我們所缺乏的是社會化、制度化、人性化的，重建邊緣人的機構。現在，乞丐或流浪人所需要的絕對不是善士的馬槽，須要的是脫胎換骨，重建人生的機會和環境。

【18】

四枝釘,釘落去。

Sí-ki-teng, tēng loh-khì.

人已經入木封釘了。

是說,人死則萬事休矣!

四枝釘:棺柴釘也,因棺蓋除了敲進木楔❼,以咬合棺廓之外,又須要用四枝五寸長的鐵釘把它釘牢。釘落去:已經「封釘」了。❽

【19】

三寸氣在千般用,一旦無常萬事休。

Sam-chhún-khuì chaī chhen-poaⁿ-iōng, it-tān bu-siông bān-sū-hiu.

人只要一息尚存就有作爲,有希望,但是死亡的來臨把一切化成烏有!

用來強調生之重要,死是無可奈何之事。語見《名賢集》。

三寸氣:一口氣、氣息、生命;古人認爲人的一口氣有三寸長。無常:此處指死,是說死生無常,原爲佛家語:「是身無常,念念不住,猶如電光、暴水、幻炎。」(《涅槃經‧壽命品》)

從來認爲人死,有可見的三種徵兆,即是心臟跳動停止、呼吸停止、瞳孔放大。現代增加了「腦死」之說,不過此說尚欠社會和醫學的共識,也未有法律的形式規範。民間仍然用「三寸氣」的存亡,來做生死的判斷標準。

然而,腦死爲死的判斷,是值得大家注意的,當知「三寸氣在『無路用』」是可能的。台北王曉民小姐,腦死近半世紀,而三寸氣不息,家人爲她不停犧牲。此事,已經不是一般家庭所能支持的,除了國家要給於照顧之外,醫學界和法學界應該研擬「妥善的」

辦法，通過立法來徹底解決困難。

【20】

生不認魂，死不認尸。

Seng put-jīn hûn, sú put-jīn si.

人活著的時候不了解自己的靈魂，死後認不得自己腐爛的屍体。

　　用來勸慰遭遇死喪，心裡哀傷的人，要他看破人生，因爲生和死都是虛無的。語見《增廣昔時賢文》。

　　魂：靈魂、魂神，是活人的精神體。

　　實際上，這句諺語並不常用，也不是台灣民間一般的「生死觀」。同時我們發現有不同的注釋，現在就抄引有關釋文，以供參考。吳瀛濤解釋做：「生死之不可解。」❾馮作民翻譯做：「活著時候也不考慮到自己的言行是善是惡，死的時候也不顧慮到自己身後的是是非非。」❿

【21】

父母恩深將有別，夫妻義重也分離。

Hū-bú un-chhim chiong iú-pèt, hu-chhe gī-tiōng iā hun-lī.

死，拆離了父母的恩情，夫妻的情愛。

　　這句俗語斷言死亡的暴力，有無比的破壞性。語見《增廣昔時賢文》。

【22】

人生似鳥同林宿，大限來時各自飛。

Jin-seng sū-niáu tong-lim-siok, taī-hān laî-sî kok-chū-hui.

人生像群鳥棲息在同一區樹林裡，但死期一到便各自飛逝了。

　　用來歎息生命之短暫，死亡之孤獨。語見《增廣昔時賢文》。

大限：死亡、死期、生命的期限，世界的末日。

近年來有許多世界大限之期的預言：美國醫師顏森說是1980年四月29日下午五時55分，工程師魏斯恩特說是1988年九月12日，美國宇宙得勝教女先知以利沙白預卜在1989年十月二日。(《中國時報》1990(1.9):27)。

前年(1994)，有人著書預言台灣的大限：說1995年閏八月，中國將要血洗台灣。此說造成台灣人空前的惶恐，有千萬人逃往外國，國內股市一時滑崩。據消息人士說，該書給作者賺了七百多萬版稅，他攜著鉅款高飛加拿大去「蹺脚，撚嘴鬚」❶，去當他的難民了！

看來，臺灣人有足夠的智慧和定力，不信世界大限之說，但卻堅定深信臺灣「國家的大限」。哀哉！此一嚴重的政治不安全感，此一危機意識，已經擾亂臺灣人半世紀之久了。政府不該繼續用曖昧的話語來敷衍人民，而應該用清楚的言論，實際的行動，向人民交代臺灣政治的前途。當然，臺灣人除了繼續增加外匯存底以外，必要全民積極參與政治，主動地來主宰自己的國家的命運。

【23】

骨頭，好拍鼓。

Kut-thaû, ho phah-kó.

屍體已經化成一堆白骨啦！

這是說，死之久矣，是一句戲謔話。

【24】

歹人，長歲壽。

Pháiⁿ-lâng, tng-hoé-siū.

奸惡之徒，反而長命。

用來諷刺長命的歹徒。

歲壽：壽數、壽命。

我們真想要知道，當先人發明這句話時，除了反映心裡對歹人的不滿和譏刺之外，有沒有「歹人須要長命，好讓他有遷善補過的機會」的用意？不然，長命只是積惡空間的延長的話，豈不蹧蹋生命？豈不是大大為害人間，妨害了上天好生之德？

另一方面，「歹人，長歲壽」對臺灣文化中「仁者，壽！」的報應信仰有所挑戰。君不見，歷史上有無數仁人善士，並無長歲壽，就是英年安息的也不少。因此，千萬不可用命之長短，來論斷其人為善為惡；若一定要評斷的話，應該是分析壽數的「品質內容」吧！

【25】

孤貧不死，富貴早亡。

Ko·-pîn put-sú, hú-kuì chó-bông.

孤苦貧窮的，長命不死；榮華富貴的，卻短命無法享受。

用來感嘆生命和幸福是多麼難以如願的事。語見《增廣昔時賢文》，原句是：「孤貧百歲不死，富貴三十早亡。」古注載有典故：昔有終縣孤貧老人百歲不死，而十二歲為秦相的甘羅，卻是英年逝世，與富貴無緣。

這句俗語的弦外之音，給人有：「孤貧的，死不遺憾；富貴

的，早亡可惜！」的感覺。若是如此，我們是不能接受的！人的生死標準，豈可以用「孤貧」和「富貴」來做判斷？不過，「孤貧不死」所暗示的，若是一個殘忍的社會，使那些孤貧的求生不得，要死不能，也不敢死的話，那麼我們就能夠了解，先人講這句俗語的心情和用意了！那會是什麼？當然是，對邪惡不義的社會，最強烈的批判和控訴啊！

【26】

生爲正人，死爲正神。

Seng uî chêng-jîn, sú uî chêng-sîn.

忠義正直的人，死後成爲剛正的神。

這是台灣民間，傳統神觀的一個根本思想。

正人：道德崇高，功業顯著，垂範不朽之人。正神：滿有道行，且能福祐群生的神明，如被崇拜的北港媽祖，鯤鯓王爺等等。

這句俗語充分表現出台灣民間「神化」的思想特點，即是：非常的德性和偉大的業能，是被神化成正神的人格要件。不過，台灣民間信仰中的正神的神格，並不含有全能、全智、全善，等等的超越性，因爲正神還是在正人的格局裡面。附帶一提，這種神觀和猶太、基督教的上帝，伊斯蘭教的安拉，爲「絕對超越者」的信仰，是根本不同的！

臺灣文化充塞著神化人，崇拜人爲神的情形，而且封神封得相當可笑。多年前，筆者在某鸞堂的善書看到，他們已經封蔣介石爲神仙世界的軍校校長，而來加以祭祀！也許不久也會神化蔣經國吧？這樣下去，臺灣人的宗教心靈，豈能不紛亂？

【27】

做好死了上天堂，做歹死了落地獄。

Chó-hó sí-liáu chiūⁿ-then-tông, chó-phaíⁿ sí-liáu lȯh-tē-gȯk.

善人死後升入天堂享福，惡人死後打入地獄受苦。

這是通俗勸善懲惡的話。

天堂：善人死後享福之處。淨土宗的「西方極樂世界」可說是台灣民間普遍信受的天堂。地獄：惡人死後受刑罰之地。古希臘和埃及神話，印度教、佛教、道教和基督教，都有地獄的思想。

台灣民間有根深蒂固的地獄信仰，其內容大多承襲中國民眾道教的十殿閻羅。八十年代，台中聖賢堂出版《天堂遊記》和《地獄遊記》，這二本善書曾一時轟動台灣社會。有趣的是：它列舉現代台灣社會許多新的罪行，並且描寫了許多新式的刑罰，例如，不守交通規則，或酒後開車肇禍殺人的，被監禁在「車訓小地獄」，日夜不停的學習駕車，罰用雙足來煞車，煞到精疲力盡，腳底腐爛，痛苦不堪。❷

【28】

未知生，焉知死？

Bī-ti seng, ian-ti sú.

生的道理尚且未能知曉，那能知道死後的事呢？

出自，孔子回答季路，請問有關死的問題；原文是這樣的：「『敢問死？』曰：『未知生，焉知死？』」(《論語·先進》)

可惜，孔子這句名言，並沒有減少台灣社會中，盛行用巫術來操縱死後世界的迷信。一般人難以滿足「焉知死」的哲理，對於死亡的無知，反而造成對死亡更多迷茫，更加恐懼。據聞近年來，

台灣的某些大學開有「死亡教育」課程，相信對於死亡的研究和了解，能夠驅除死的焦慮，來培養珍惜生命的情感，來激發開創人生的智慧。看來，這種要經由「知死」，而「知生」的努力，是比傳統不可知論者的態度，更積極，更有創造性的。

【29】

賒死，卡贏現刣。

Sia sí, khah-iâⁿ hēn-thaî.

雖然拖著老弱的生命而活著，總是比猝然逝去的好。

這是艱苦人的哀嘆，也是老病不死，纏綿床間的人的自嘲。

賒死：賒欠死亡，尤指重病不死。這好像是說，這條該死而未死的老命，是向死神賒欠的。現刣：剛剛被宰殺的生命，喻指沒有病苦，好生生的人突然死去。

【30】

好死，不如歹活。

Ho-sí, put-jû phaiⁿ-oȧh.

安然好死，還是不如艱苦地活著。

這是反語格式的一句俗語，用來表示「好活，好死」的強烈欲望。

好死：沒有遭受到疾病或其他痛苦的折磨，爽爽快快的斷氣而逝。

這句俗語頗能表現台灣人「要活下去」的堅定意志。先人就是用這樣的精神和態度離開那「歹活歹死」的唐山，飄洋過海，移殖台灣，要建設一個「好死好活」的世界。還有，這句諺語並不否定「好死」，假如一定要死的話，求個善終，該是人之常情吧！不過，

台灣民間把「好死」當做道果和福氣，而以「歹死」爲惡報，例如，久病死、橫禍死、冤屈死、殉道、戰死，等等；如此判斷，未免太冷酷無情，太罔顧歷史的眞象了！君不見，好多死得非常有體面，又極熱鬧，被祀奉在紀念堂，又到處塑立銅像的，原是個大奸大惡之徒！而有好多背負罪名，而又身首異處，死無葬身之地的，卻是個個大仁、大義、大勇的英傑。總之，我們必須愼思明辨這句古諺，來避免盲目崇拜歷史人物，來確立一個健全的生死態度。

【31】

貪生，怕死。

Tham-seng, phá^{n}-sú.

死而無憾之時，猶仍貪婪殘命。

　　譏刺平時作威作福的惡人，在死神之前「驚到泄屎泄尿！」❸

　　好生厭死是人之常情，怕死之心，人皆有之，不可諷刺。因爲死是個人未曾有的經驗，徒喊「不怕死」，於生有害，於死無益。不過，應該一提的，台灣民間信仰中的生死觀念和態度，幾乎都被套牢在巫術和祭祀的框架裡，帶給人恐懼不安。若要驅散臺灣文化中「死亡」的幽暗，也許思想柏拉圖、釋迦、孟子、莊子、耶穌，面對死亡的態度，可能獲得智慧的光照。

注釋

1. 天公[thi^{n}-kong]：台灣民間稱呼「玉皇上帝」爲天公，祂是民間宗教的至高神。

2.參看，阮昌銳《莊嚴的世界》，頁I-29,III-2。

3.見，林本元「台北人講台北話」《台灣文獻》(1957年6卷6期)，頁78。

4.參看，阮昌銳，同上注，頁V-43。

5.詳看，吳瀛濤《台灣民俗》(台北：振文書局，1970)，頁78。

6.抄引自，陳修《台灣話大詞典》(台北：遠流出版社，1991)，頁1091。

7.榫[sún]：榫頭，或稱筍頭，用較堅硬的木材做成，有凸出的末端，以套入榫眼，用來加強鐵釘的咬合強度。

8.封釘[hong-teng]：釘牢棺木的儀禮，是非常慎重、嚴肅、又複雜的喪事禮俗。洪惟仁有詳細的記述和解說，看《台灣禮俗語典》，頁276-281。

9.引自，吳瀛濤《台灣諺語》(台北：英文出版社，1975)，頁59。

10.馮作民編譯《增廣昔時賢文》(台北：偉正書局，1987)，頁114。

11.蹺脚，撚嘴鬚[Khiau-kha, lén chuí-chhiu]：是一句台灣俗語，形容一個人金錢滿貫，生活爽適，心裡歡喜，有足夠的閒情，滿足地搖晃著高架著的二郎腿，不時玩弄著養長的嘴鬚的樣態。

12.詳見，「遊車訓小地獄」《地獄遊記》第39回。

13.驚到泄屎泄尿[kiaⁿ-kah chhoah-saí chhoah-jiō]：驚嚇過度，以致大小便失禁。泄：液體或流狀物的洩出。

第四節　冥想人生

本節分段：

努力工作 01-02　　人有天澤 03-06　　人生多變 07-09
人生如戲 10-11　　人有煩惱 12-14　　人生易逝 15-21
及時行樂 22

【01】

做雞著筅，做人著扳。

Chó-ke tioh chhéng, chó-lâng tioh péng.

雞須要抓地覓食，人當努力工作。

　　用來勸人該當努力工作，那是爲人的本分。

　　筅：雞用爪抓地，揚起雜碎，啄食可吃之物。扳：用手翻轉東西；此處，指「扳變」❶，就是認眞做事，如果失敗了，就改變方向，再接再厲。著：不僅是「要」，而且含有嚴肅道德訓令「應該」的意味。

【02】

做人著磨，做牛著拖。

Chó-lâng tioh boâ, chó-gû tioh thoa.

人的本分是不畏艱難地工作，正如牛認命地拖車。

　　用法和意義類似上一句。

　　磨：轉動，研磨，喻指不停地做繁重的工作。磨，當動詞時，讀[boâ]，如磨墨[boâ-bak]；做爲名詞時，讀做[bō]，如石磨[chiok-bō]。

　　五十年代，在臺灣的鄉鎮還可看到小工場，用水牛拉動成噸的石磨，研碎花生、黃豆等，來榨油或做豆餅。拖：拉，如牛馬

之拉車。磨……拖：構成「拖磨」[thoa-boâ]，意思是，從事長期、麻煩、艱苦的工作，例如，「一男一女一枝花，二男二女受拖磨。」（→11.06）

【03】

一枝草， 一點露。

Chi̍t-ki chhaú, chi̍t-tiám lō͘.

清晨的一枝草葉，葉面莫不承受著一滴露水。

斷言上天有好生之德，人人皆有一份天惠，都有生存之道。因此，人沒有理由頹喪，應該樂觀奮鬥。

【04】

一枝草一點露， 隱龜的食雙點。

Chi̍t-ki chhaú chi̍t-tiám-lō͘, un-ku-ê chia̍h siang-tiám.

一枝草葉只能承受一滴露水，但駝背的卻得到雙倍的天惠。

隱龜的：駝背的人。

特別用來鼓勵殘障的人。這是很妙的想像，說駝者弓起的背部和頭部都承受著天露。這樣他就意外地比一根直草得到雙倍的露水。

也許，我們會問：殘障者的天澤如何才能經驗得到？雖然我們不敢排除天有祂自己的方法，但知道殘障者的天惠必要藉著社會制度，大眾的關懷來領受，來實現。然而，目前台灣社會反映天惠的現象並不普遍，培育他們能力的特殊教育不發達，就是公共設備也根本沒有考慮到他們的身體的限制，例如，公共場所沒有輪椅便道，公車沒有放置輪椅的空間，公廁設備就更不用提了。看來，目前的社會現況離這句古諺的理想，還很遙遠呢！

【05】

戇的，猶有一項會。

Gōng-ê, iau-ū chi̍t-hāng ē.

就是再笨的人，一定有他會做的事。

　　主要的用法有二：一是勉勵智能較差的人，認識自己的限制，發展自己的特長。二是提醒教育者或家長，不要忽略「戇的」，應該發展他潛在的能力。

　　戇的：愚笨的人，是「戇的人」的簡略句。

【06】

戇的合巧的，行平遠。

Gōng-ê kap khaú-ê, kiâⁿ piⁿ-hn̄g.

愚笨的和聰明的，都走一樣長的路程。

　　用來勸勉「戇的」，提醒他們「勤能補拙」；警告那「巧的」，懶惰則與「戇的」無異。

　　合：和、與。巧的：聰明的人，是「巧的人」的省略句。行平遠：走同等的距離，指最後都能達到人生的目的。

　　這句話的道理，深植在我們的道德修養和教育理念之中，幼稚園老師講的「龜兔競走」，或古賢人傳的「驥一日千里，駑馬十駕，則也及之矣！」(《荀子·修身》)都是這個道理。我們不懷疑這句俗語的勸戒作用，但卻憂心一般人太輕率地將人二分為所謂的「巧」和「戇」；如此判斷，不但不正確，而且傷害人的尊嚴。話又說回來，快樂的人生，也不一定要跟人家「行平遠」？努力走，盡力行就是了！何況，人各有志，標竿插的方向，也不必相同啊！

【07】

一個人，九葩尾。

Chit-e lâng, kau-pha boé.

人生的終局是多變多樣的。

力說「善終」的重要性，因爲傳統的意見是：人的一生變化莫測，落幕的情況複雜，人品事功總是蓋棺論定的。

九：多數，如九牛一毛；九，原是基數之極。葩：毛盛多的尾部，如松鼠、飛鼠的大葩尾；果粒集中的枝處，如葡萄葩。九葩尾：多樣的終局；尾，動物的尾巴，如人生終局、事件的結尾。

【08】

牛有料，人無料。

Gû ū-liāu, lâng bo-liāu.

牛的命運可以預見，而人生的成敗卻難預料。

勸人謹愼精進，人生充滿了成敗、盛衰的可能性。

料：料想，預見。吳新榮指出「料」的原義，說：「料──縛之意。牛有繩縛，人當然沒有繩縛，人無料即謂人是料不到的。」❷

這句俗語反映著台灣農業時期，耕牛可以預見的命運，其背景是：牛在健壯時，爲主人苦耕生產，萬分勞碌辛苦；老病時，被主人出賣，屠宰販肉；幾乎所有的牛都難逃這樣的厄運，所以說「牛有料」。然而，先人又經驗到，人的一生，盛衰難料，生死無常，變化多端，絕對異於一條「知死，唔知走」❸的老耕牛的命運，所以說「人無料」。唯因「人無料」，所以應該善加珍惜，好好的用來發展個人的潛能。

【09】

圓人會扁，扁人會圓。

Îⁿ-lâng ē-píⁿ, píⁿ-lâng ē-îⁿ.

富人有衰敗的時候，窮人也有富貴的日子。

　　戒富者勿驕，勸貧者毋餒；因爲貧富，如月之盈虧，各有其時。

　　圓人：富足而又稱心如意的人；圓，圓滿、幸福。扁人：貧窮又苦悶的人；扁，缺乏、憂苦。這句俗語，用「月」來表象人生的變化，不但美麗，而且給命運披上了神秘的面紗，眞讚！

【10】

棚頂有彼號人，棚脚也有彼號人。

Piⁿ-téng ū hit-hō-lâng, piⁿ-kha iā-u hit-hō-lâng.

戲台上有什麼樣的角色，在實際生活中也就有那樣的人。

　　是說，人該當知人防人，因爲在社會生活中可能遭遇到君子小人，正如戲劇中有良相奸臣。

　　棚[píⁿ]：用竹木等材料搭成的平臺；此處是指，戲棚、戲台，如演「野台戲」的戲棚。棚頂：戲臺上面，指演出的戲劇。彼號：那一種類。棚脚：戲臺下，指觀衆，喻指社會生活。

【11】

人生親像大舞臺，苦齣笑詼攏總來。

Jin-seng chhin-chhiūⁿ toā-bu-taî,

khó͘-chhut chhío-khoe long-chong-laî.

人生像大型的綜合戲劇，上演著悲劇、喜劇、雜耍，應有盡有。

　　勸人看開人生的悲喜遭遇，因爲人生就像大舞臺。

　　親像：好像。苦齣：指悲劇；齣，戲劇的回數。笑詼：詼諧可笑，如喜劇、鬧劇中，逗人嬉笑的言詞或動作。

　　人生如戲是千古名言，聖保羅就曾清楚意識到❹，他的人生像一台戲，要守分盡責，演給世人和天使觀看《《聖經‧哥林多前書》4:9》。相傳康熙製有這樣的一幅戲台對聯：

　　　　日月燈，江海油，風雷鼓板，天地間一番戲場；

　　　　堯舜旦，文武生，莽曹丑淨，古今來許多腳色。

　　用演戲比喻人生時，台灣人好像人人爭著要當主角，做大明星。君不見，從幼稚園開始到大學，要求的是考試百分，標榜的是明星學校，著重的是個人成績。至於，做「觀眾」嗎？可說是完全在教育理念之外，更談不上是爲人的義務了。結果，人人明爭暗鬥，家庭、社會只能接納成功的「演員」，只能鼓勵成名的「主角」。

　　走鍵至此，我不禁深深羨慕聖保羅，因爲他擁有千萬美麗、親切、仁慈、智慧，又有「衛生」的天使觀眾，來看他表演，給他鼓勵，給他支持，給他演了一場千古大戲。

【12】

人道誰無煩惱？ 風來浪也白頭！

Jîn-tō suî bû hoan-ló? Hong-laî lōng iā-pe̍k-thiô!

有誰能說，人生沒有煩惱嗎？就是浪頭，也被風吹成白沫！

　　用來勸人凡事要看開些，因爲煩惱令人衰老。語見《明賢集》。

　　煩惱：壓抑不快的情緒。風……浪：古人以強風吹白了浪頭，來比喻煩惱的侵襲。白頭：白髮，指老人。

【13】

人生不滿百，常懷千歲憂。

Jin-seng put boán-pek, siong-hoâi chhen-soé-iu.

人活不到百歲，卻爲千年後的事而憂慮。

勸人不要爲遙遠的未來而憂愁。語見高似孫的《選詩句圖‧古詩辭》。

如果說，憂愁的心理特徵是「拿不起，放不下」，那麼，台灣人是很有憂愁功夫的。君不見，出國觀光的，有幾人能像東洋客，西洋賓之能看美景而歡呼，見勝蹟而讚嘆，觀歌劇而忘我，飲美酒而高歌，遇美女俊男而敢駐足來多欣賞一眼的？有嗎？太少了吧！還不都是緊抱著一件件「煩惱」：小姐爲了沒能買到心愛的手提袋而煩惱；中年太太爲了一二天沒有給老公煮三大餐二點心而自責；老外婆爲了小戀外孫兒，明年要參加明星幼稚園入學考試而失眠……。

我們這樣講，並沒有完全否定「憂」的重要性和意義，因爲有一些事眞應該讓台灣人「千歲憂」的！啥事？那有如此嚴重的？有，那就是臺灣的國家前途，政治、經濟、生態危機。但是，令人相當驚訝的，對這些重要、緊急的大事，多數台灣人可以不聞不問。這到底是什麼一回事啊？是否政府「務實」的宣傳成功，或是臺灣人的「靜功」已經入定了？我們總覺得，現在還不是台灣人能夠安心「享受」這句古諺寬慰的時候！

【14】

求平安，呣敢求添福壽。

Kiû peng-an, m̄-kaⁿ-kiû thiam-hok-siū.

但求平安渡日，豈敢奢求富貴長命。

勸人事事知足，不可有非分之想，因為無事便是福。

求：用力實現理想，或祈禱上天保祐。平安：安居樂業，無災無難的過日子。唔敢求：不敢求；傳統民間信仰，咸信福壽是上天所注定，人不可以妄求，也不是可以用宗教虔誠，或勤奮的工作獲得的。添福壽：增加福氣和壽數。

福和壽是台灣民間二項「不敢求」的價值，那是少數吉星高照，或是貴人庇蔭的福人的專利品。一般人，只要能夠「平安」渡日，就已經很滿足了。那麼，什麼是所謂的平安？平安就是「無事」。何謂「無事」？莫不是：身體無癌、無愛滋重病，收入足支三餐，不犯官欺，不遇兄弟人找麻煩，不遭天災地變，不被中國飛彈擊中，數項生活最基本的需要而已。

顯然，上述這些「平安」的品質和水準都很差很低，乃是在多災多難，無法無天的社會，苟且偷安的鴉片。但可怪的是，如此「平安」，臺灣人就在謝天謝地，謝三光，謝政府的德政了。我們懷疑台灣人難道沒有「高階層的平安」的了解和期待嗎？例如，當家做主，為人的尊嚴充分得到保障，族群間互相了解和睦共處，潔淨的居住環境，等等。神秘的福壽，我們可以不求，但是做為臺灣人根本的，高水準的「福壽」是一定要大家來拚命追求的！

【15】

一世人，親像做人客。

Chi̍t-sí-lâng, chhin-chhiūⁿ chò lang-kheh.

人生像做客，總得歸去。

勸人要愛惜光陰，因為人生是短暫的。

一世人：從生到死的人生歷程。做人客：出門為客。

　　人生似賓客，是不難了解的，但比較困難的問題是：離開主人的家，離開世界之後，何處是我家呢？信教的人士，大概都有清楚的答案：民間信仰者要下陰間待超生，修道人士要駕歸道山，齋友居士要往生淨土，而基督信徒要安息主懷。對於相信有靈魂的人，百年後的去處是重要的，不但可助他安然「回家」，更能影響他今世的生活態度和處世方法。台灣是多宗多教的社會，對死之冥想，有豐富的信仰傳統，若能夠求同存異，理出更健全的「百年」信仰，那麼對於提升台灣人的精神生活，一定很有幫助才是。

【16】

人生一世，草生一春。

Jîn seng it-sè, chhó seng it-chhun.

人生似草，英氣煥發之時短暫。

　　用法和意義類似上一句。語見《初刻拍案驚奇》：「況且身邊現有錢財，總是不便帶得到家，何不在此處用了些？博得個腰金依紫，也是人生一世，草生一秋。」(卷22)這句俗語也是名句，均爲《增廣昔時賢文》和《注解昔時賢文》所收錄。

　　一世：短暫的一生。古人以三十年爲一世。一春：一個春天。草在春天發生茂盛，秋後枯黃，入冬而死。

【17】

人如風中燭。

Jîn iû hong-tiong-chek.

人的生命如同在風中燃燒的蠟燭，燭火隨時能被吹滅。

　　說生死無常，勸人當愛惜生命。

【18】

人生如朝露。

Jin-seng ju tiau-lõ.

人生像早晨的露水，轉眼即逝。

人生短暫，應該珍惜光陰。

古以色列的詩人，對人生的短暫也有相當深刻的領悟，引人深思；在《聖經·詩篇》90篇，吟出：

> 你叫人返本歸原；
>
> 你使他們回歸塵土。
>
> 在你眼中千年如一日，
>
> 就像過去了的昨天，
>
> 像夜裡的一更。
>
> ············
>
> 我們的生命短暫如夢。
>
> 我們像早晨發芽生長的草，
>
> 晨間生長茂盛，
>
> 夜間凋萎枯乾。
>
> ············
>
> 求你教我們數算我們短暫的年日，
>
> 好使我們增進智慧。❺

「人生如朝露」不難理解，更重要的，豈不是再邁前一大步，在短暫的生命過程中，養成時時感悟真理的心，謙卑讓智慧的亮光來引導前程？

【19】
蚊蟲，也過一世人。

Bang-thâng, iā-koé chi̍t-sí-lâng.

像蚊像蛆那麼微小的蟲兒，也很快地挨過牠的一生。

歹命人的自我解嘲。

人非蚊蟲，竟然用牠們來類比自己，來消遣自己，強迫自己看破世情，壓制自己沉重的苦悶，眞是太可憐了！爲什麼先人不能瀟灑地說：「蜜蜂、蝴蝶、蜻蜓、螢火蟲，也過一世人」呢？爲甚麼偏偏看上人見人厭，逃生無門的可憐蟲，來類比自己的一生呢？難道他們經驗過的，就是蚊蟲一般的生活？先人在臺灣的歷史說了什麼？❻教育部編「台灣歷史」教科書的小姐先生，請多費神了！

【20】
乞食，也是一世人。

Khit-chia̍h, iā-koé chi̍t-sí-lâng.

雖然是做乞丐，還是過了一生。

艱苦人，苦澀的自嘲；是說，卑賤艱苦也得忍耐，因爲人生即逝。

是的，一生很快就過去！不過，像乞食或做乞食來過一生的話，一定很「慢」長而「難」過的。顯然，先人的這種人生觀，一定是出於萬般無奈的自我嘲弄。那麼，我們現代讀這句俗語所關心的，該是「現代窮人」的問題吧？當今台灣喊得滿天架響的口號和宣傳是：「命運的共同體」和天文數字的「外匯存底」。在這樣的共同体之中，就應該不再有「乞食」囉？但現實如何？有目共睹的，

豈不是「富的富上天，窮的窮寸鐵」嗎？(→31.67)

【21】

天下，無不散之筵席。

Then-hā, bu put-sàn chi ián-sėk

人生如會餐，有聚就有散。

常用做「話別」的套語。語見，宋、倪思：「凡宴三杯也散，五杯也散，十杯也散，至於百杯也散。諺曰：『未有不散之宴，』余於是乎有深感。」(《經鉏堂雜志》)其實，此語含意深刻：人事都有終局，存在的必然消逝。這是我們大家的「深感」吧？

【22】

人生有酒須當醉，何曾一滴到九泉。

Jin-seng iú-chiú su-tong chuì, ho-chan it-tih tó kiú-choân?

人當及時行樂，死後什麼都無法享用。

語見，宋、高珪「清明掃墓圖」：

> 南北山頭多墓田，清明祭掃各紛然；
> 紙灰飛作白蝴蝶，淚血染成紅杜鵑。
> 日落狐狸眠塚上，夜歸兒女笑燈前；
> 人生有酒須當醉，何曾一滴到九泉。

九泉：是地下深處，指墓穴、死後之地；九是爻數的極限，用指多、高、深；泉，地下水源。實際上，埋葬不能掘到泉水湧流的深度，棺木必須葬在地勢較高，土質乾燥，地點向陽的地方。

此一名句，只可會意，不可力行，否則一旦肝臟硬化、腦中風，或酒醉亂性，或酒後開車肇禍，等等酒果醉災侵犯，那時求救無門，要生不能，要死不可，豈不慘哉？

注釋

1. 扳變[péng-piⁿ]：放棄或改變挫敗的舊業，多方尋求，圖謀有利的新事。

2. 吳新榮《南台灣風土志》(彰化：秀山閣出版，1978)，頁293。

3. 是一句台灣俗語，民間相信，牛「知死，唔知走」，而豬卻是「知走，唔知死。」但我們以為，人之殊異於牛和豬的地方，是在於：人就是有「知死，知走，能走」的能力和條件，也會有「不走」的理由、意志、決斷、行為。

4. 聖保羅，公元第一世紀的猶太學者，基督教的思想家，一生以詮釋耶穌的思想和宣傳基督的福音為天職。他大大擴張了基督教的信仰版圖，發展出原始基督教的基要思想，乃是基督教信仰史上最重要的一位傳教師。他的生平、工作、思想和豐富的著作，備載於《新約聖經》。

5. 此處，「你」是指上帝、天主、上主。

6. 有關先民在台灣的早期生活史的知識，請參考，陳冠學《老台灣》台北：東大圖書公司，1993；劉克襄《橫越福爾摩莎》台北：自立報系，1989。他們開出來的「參考書目」，有很好的臺灣早期歷史的導讀資料。

人生階段

第二章

第一節　可愛的幼童

本節分段：

發育 01-04　健康 05-08　心智 09-13　品格 14

【01】

頭毛，臭雞酒味。

Thau-mˆg, chhaú ke-chiú-bī.

乳臭未乾。

　　用指幼嬰，也用來諷刺心性和言行幼稚的人。

　　雞酒：雞酒是土雞健仔❶，燖米酒和烏麻油各半。這是台灣媽媽「做月內」的主要食物；民間相信，雞酒營養豐富，是產婦的最佳補品。臭雞酒味：雞酒的餘香，即是小嬰孩身體散發出媽媽做月子時，煮的、吃的雞酒的淡淡餘香。句裡的「臭」，是帶有愛意的表現法；醉漢的「臭酒味」，體臭的「臭羶」[chhaú-hèn]，其「臭」是含有排斥意味的。

【02】

二歲乖，四歲眠，五歲上歹。

Nˆg-hoè koai, sí-hoè gaî, gō͘-hoè siōng-phaíⁿ.

小孩二歲時乖，四歲時頑皮，五歲時最不聽話。

　　是說一個健康的小孩的性格發展特徵。

　　眠：許成章釋成「魯、鈍、癡、蠢曰眠。」❷陳修解做「獣」，說是「四歲就痴獣不講理。」❸我們以為上面這二種解釋，既不合乎「眠」字的台語用法，也不符合小孩性格發展的實況。句裡的「眠」字，應該解釋做「蠻皮」❹，頑皮，比較妥當。

【03】

三歲乖, 四歲睚, 五歲押去刣。

Saⁿ-hoè koai, sí-hoè gaî, gō͘-hoè ah-khí thaî.

小孩三歲乖，四歲頑皮，五歲就會反抗。

　　押去刣：指小孩已經有自己的主張，會反抗，無法阻止。雖然這句俗語在字面上用「刣」，殺，但不可以按照字面，解釋成「五歲就壞得簡直可殺。」❺

【04】

囡仔三歲朝皮, 五歲朝骨。

Gin-á saⁿ-hoè tiau-phoê, gō͘-hoè tiau-kut.

幼兒教育會塑造孩子的性格，三歲時尚淺，到了五歲時，就有根本的影響。

　　這句俗語指出幼兒教育的重要性。

　　朝[tiâu]皮、朝骨：朝，緊貼也；朝皮骨，緊緊附著於皮骨。坊間有用住、稠、著等字；我們用「朝」字，以兼顧音義。

【05】

猴脚, 猴爪。

Kau kha, kau jiáu.

小孩手脚靈活，像一隻猴子，爬上滑下，活潑可愛。

　　用指健康的小孩，活潑好動，手脚靈活，行動敏捷。

　　猴[kaû]，尤其是「猴山仔」❻，是小孩的良友，也是活潑健康的兒童的代名詞。看來台灣人也相當喜愛猴山仔，以致於愛稱活潑习皮的孩子做「猴囡仔」。在傳統文化中，「猴囡仔」沒有地位，須要三十年的時間，才有化身爲社會菁英，國家棟樑的希望。先

人對猴子又有奇妙的想像，養豬的農家，有時在豬稠旁邊供養一隻「猴齊天」來當「弼豬溫」❼，交代牠管訓「豬八戒」，免得牠發豬瘟，行暗路，趕風流。

【06】

囝仔人跳過溝， 食三甌。

Gin-a-lâng thiáu-koé kau, chiah sa^n-au.

少孩食欲好，消化力強。

好客的主人，用來招呼「少年家」多吃一點飯菜的套語。

跳過溝：比喻只要身體稍微活動一下，吃的東西就消化掉了。

甌：小碗。「溝」對「甌」，不論形像，或是音韻，都對得妙，對得讚！

【07】

囝仔放尿漩過溪， 老人放尿滴著鞋。

Gin-á páng-jiō soān-koé khe, laū-lâng páng-jiō tih-tioh ê.

小孩尿水撒得遠，老人就不行。

戲謔話，是說小孩身體健康，老人衰弱。這是對老人家沒有禮貌的話！

漩：由上往下噴水。過溪……著鞋：用指「射水功力」遠近懸殊；溪、鞋同為[-e]韻，真是妙對！

傳統的健康常識以為：健康的小孩，膀胱有力，不會小便失禁；而軟弱的，膀胱無力，常有尿床的麻煩。至於治小孩焦尿❽的方法，台灣民間有好多偏方，甚至有用豬尾巴來摔打尿床小孩的嘴巴的「療法」。我們懷疑這種豬尾秘法的功效，但驗方是有的，如「歸薑羊肉湯」、「四神小肚湯」等，既可口又營養。筆者七八歲時，常吃阿母燉的這二種「膀胱強壯湯」，結果別說絕不焦尿，就

是噴漩強度，也不多讓給一般的滅火機呢！

【08】

囡仔人尻川三斗火，也會煮飯，也會炊粿。

Gin-a-lâng kha-chhng saⁿ-taú hoé, iā-ē chú-pn̄g, iā-ē chhoe -koé.

小孩屁股熱如火，能燒飯，又能蒸糕。

常用來教導小孩，不要怕冷，不可穿太多的衣服，雖是天寒地凍，也得到外面走走，不能老是呆在家裡。

尻川三斗火：屁股熱如火爐，喻指少孩健康，血氣旺盛。

這句俗語清楚地反映出，台灣人的母親，性情溫柔慈祥，既能細心養育小孩，又很有幽默感。看呀！她是何等高興、滿足、自信、驕傲，又極盡誇張地道出，她的孩子強壯到屁股能散發煮飯蒸糕的熱能。這樣的老母實在太可愛了！真不知，那些開口閉口就大罵孩子「傻瓜」、「王八蛋」、「混蛋」、「死囡仔」的父母，聽到這句俗語，做何感想？

【09】

芷瓜無瓤，芷子無肚腸。

Chiⁿ-koe bo nn̂g, chiⁿ-kiáⁿ bo tō͘-tn̂g.

嫩瓜的瓜瓤少，小孩的心思率直。

讚嘆小孩誠實天真，有話直說。

芷瓜無瓤：幼小的瓜，沒有瓜肉；芷[chíⁿ]，幼嫩；瓤，瓜實、瓜肉。芷囝無肚腸：喻指小孩子沒有秘密，他們知無不言，見無不說。「芷瓜」對「芷囝」，表象美麗；「無瓤」對「無腸」，音韻好聽！

【10】

囡仔怨無, 無怨少。

Gin-á oán bô, bô oán-chió.

不給的話，小孩子不高興，總是要多少給一點。

　　媽媽用來提醒自己的育兒經，是說，小孩子須要有公平的對待。

　　怨[oàn]：不高興；此處，不做「怨恨」解。

　　舊時，據此「囡仔怨無，無怨少」的見解，發明了「騙囡仔」的許多敷衍的方法，終於養成了傳統「應付了事」的民族習性。這句俗語，千萬不可以解釋成「有就好，妄騙妄騙」，而應該把了解的重點放在「公平」的對待和給與的「關愛」。

【11】

三歲看到大, 七歲看到老。

Saⁿ-hoè khoáⁿ-kaú toā, chhit-hoè khoáⁿ-kaú laū.

到了三歲時，就可預見其他成人的情形；七歲時，可見他的一生。

　　用來強調幼兒教育的重要性，是說幼年時期，是塑造好的習慣，優美的品格的重要時期。

　　看到大：預見到成人的時候。看到老：預見到年老的時候。

【12】

茅草竿若利, 出世著會割人。

Hm-chhaú-koaⁿ nā-laī, chhut-sì tioh-ē koah-làng.

會割人皮膚的茅草，從小就會傷人。

　　稱讚聰明的小孩。喻指聰明的人，在小時候就已經鋒芒畢露了。

　　茅草竿：茅草，禾本科植物，葉緣有芒刺，銳利能割傷皮膚。

【13】

草尖自細尖，草利自細利。

Chhaú chiam chū-sè-chiam, chhaú laī chū-sè-laī.

尖銳的茅草，自少就尖銳。

　　用法和意義類似上一句。

　　上面二句俗語都清楚地提到聰明的小孩，在小時候就很屬害。那麼長大後如何呢？古典的看法有：「人小而聰了，大未必奇」《後漢書・孔融列傳》和「小時了了，大未必佳。」《世說新語・言語》這豈不是說「「牛有料，人無料」(14.08)嗎？

【14】

在細像茄栽，飼大羊帶來。

Chaī-sè chhiūⁿ kio-chai, chhī-toā iuⁿ-taî-laî.

幼苗看來像茄子，長大了卻變成一棵羊帶來。

　　用來強調，關懷兒童品格的發展，重視兒童教育。這是父母或長輩的感嘆，因為眼看小時候很乖巧的孩子，長大之後卻變得很壞。

　　細：細漢、小孩。在細：在幼童時期。茄栽：茄的幼苗栽；栽，植物的幼苗。茄子，是台灣農家常見的作物，日常的蔬菜，其形狀和顏色都很美麗可愛，收獲時期由夏至秋，乃是大家喜歡吃的蔬菜。據藥典說，它也有藥效，藥性甘涼，利脾、胃、大腸。❾但平常都不是把它當藥吃的。飼大：養大，長大之後。羊帶來：生長於荒埔野地，為一年生草本，高有30-60公分，花果有刺毛，是中藥的一種。它的藥性，苦辛、寒、有毒；虛弱的人不可服用；主治，散風、止痛、殺蟲。❿

　　這句俗語的形象，應用得多麼自然、美麗、生動。「茄栽」來

比喻純良的小孩，而「羊帶來」比擬變野了的青年，真是比擬得妙，揚起了濃厚的田園氣息。此外，這二個表象，頗能發揮農民的兒童教育原理，那是「茄子」需要栽培教養，而「羊帶來」則是自然放任的結果。附帶一提，近年來，那些六十年代歐美自由開放論者的第二代，大多傾向於比較保守，重視成就，知所計劃前程、開發人生。看來，他們已經看厭了「羊帶來」，而開始喜歡「茄子」了。

注釋

1. 土雞健仔[thó͘-ke-noá-á]：剛成熟的土母雞，其肉質和咬感都佳。一般相信，牠的營養分要比肉雞的高。
2. 許成章《台灣漢語辭典》(台北：自立晚報社出版，1992)，頁355。
3. 陳修《台灣話大詞典》，頁484。
4. 蠻皮[ban-phoê]：頑皮也！
5. 陳修，同上注，頁484。
6. 猴山仔[kau-san-á]：小猴子。
7. 猴齊天[kau-che-thian]：齊天大聖，孫悟空也。「弼豬溫」，鬧豬瘟也。
8. 焦尿[chhoā-jiō]：尿床，小便失禁。
9. 江蘇新醫學院《中藥大辭典》，頁1310。
10. 同上注，頁1069-1073。

第二節 靑春的少年家

本節分段：

黃金年代 01-04　懷春樣態 05-08　心性特徵 09-14

【01】

有錢，難買少年時。

Iú chên, lan-maî siáu-len-sî.

錢再多，也買不到少年寶貴的時光。

　　用來勸勉年靑人，應當要愛惜光陰，因爲靑春無價。

　　語見《格言諺語》。這句通俗的格言，應該還有第二分句，乃是：「有錢不買半年閑。」意思是說：錢再多，也不要買那些閑東西。

　　難買：買不到。

【02】

十八，二二是靑春。

Cha̍p-peh, jī-jī sī chheng-chhun.

十八到二十二歲，正是靑春的好時期。

　　用來歌頌靑春的少年人。

　　靑春：指靑春期，因人種和文化之不同而有早晚之分。傳統的說法是：西方人12-22歲爲靑春期，而台灣人可能要晚2-3年。然而，從近來台灣少年男女發育之快速，交際之頻繁，性趣之活潑看來，他、她們確實已經進化爲「早春族」了！

【03】

十七八少年家，好花正當時。

Cha̍p-chhit-peh siáu-len-ke, hoe-hó chiaⁿ tong-sî.

十七八歲的少年人，正像花朵開得最美麗的時期。

用法和意義類似上一句。

花開正當時：含苞待放之時也。舊時是十七八歲，現代的，該說是十五六歲吧！這年日是詩情畫意的，而「正當時」三字，洩漏了花之所以「好」，女之所以「美」的秘密。

【04】

寧食少年苦，不受老來窮。

Lêng si̍t siáu-len-khó͘, put siū ló-lai-kêng.

寧可在少年時期多吃苦，不可到了老年時候窮困潦倒。

勸青少年人努力用功，以免將來窮苦而後悔。

爲甚麼用「少年苦」來比對「老來窮」呢？因爲，此二者能充分突顯人生甘苦的潛因和實況：少年苦，有如農夫，付出多少代價，就可能有那麼多收穫的希望；而老來窮，有如衰弱又沒有土地耕作的老農，已經喪失了工作的能力和收穫的希望。這句俗語清楚地反映了先人心裡的焦慮，以及對後生小輩誠懇的規勸和關懷。

【05】

十八歲查某囝，揖壁趖。

Cha̍p-peh-hoè cha-bó͘-kiáⁿ, moh-piah sô.

懷春的女兒，已經開始關心自己的終身大事了。

描寫懷春女孩的心理。

揖壁趖：像守宮一般，身體吸住壁面，慢慢地游走；揖，緊貼；

赴，慢行。

　　這是舊時台灣懷春查某囝的特技。據說，她們「揖壁赴」到客廳門外，是在監聽媒婆或來賓和老爸的談話，要知道有沒有提到自己的終身大事，有則偷笑，無就暗泣，因為心裡有「愛嫁翁閣驚見笑」在作祟。❶還有，她們也只能有揖壁赴的動作，因為足下有「三寸金蓮」控制著。

【06】

未曾斷尾溜，就會作譎。

Boē-chēng tīg boe-liu, chiū-ē chok-get.

還未長大，就會談戀愛搞關係。

　　責罵少年家戀愛鬧得太早。

　　未斷尾溜：如蝌蚪之帶有尾巴，比喻尚未長大成人；尾溜，尾巴。坊間有把 "chok-get" 寫作「作孽」的，但這是大錯特錯。「作譎」和「作孽」有天淵之別：譎是無傷大雅，可惱又復可愛的作弄或不規矩，引伸做談戀愛，或搞性關係；而孽是孽畜、妖孽、奸邪、災禍，是攸關大惡的行為，其結果是「不可活」。

　　按王右君的報導，現代台灣青少年「作譎」的情形大致是：10％國中生，12％和9％高中男女學生，35％和7％專上男女生有過性經驗。(《自立週報》1994(11.4):10)

【07】

耳仔後無銹，查某查埔就會變。

Hiⁿ-á-aū bô sen, cha-bó· cha-po· chiū-ē pèn.

少年人開始會注意自己身體的衛生時，正是他們進入青春期的時候。

　　這是青春期的心理特徵之一，注意到自己的身體，乃是性意

識的覺醒。

　　銹：皮膚的污垢，体垢；我們用假借字「銹」，坊間有寫作「羶」的。

　　舊時衛生習慣和衛浴設備普遍不好，極大多數家庭沒有淋浴或浴盆的設備。小孩洗臉，總是用毛巾沾著水，擦擦臉頰就算了，耳後根和頸項，算是「死角」了！

【08】

粟仔若老家己開，射榴若老家己破。

Chhek-á nā-laū ka-kī khui, siā-liû nā-laū ka-kī phoà.

稻和石榴一旦成熟，就自然會開花。

　　喻指情竇開放，散布著青春的芬芳和生命的活力。

　　老：成熟也，如果實的「到分」[kaú-hun]。射榴：番石榴。

【09】

瓜細，籽熟。

Koe sè, chí sek.

瓜果雖小，種子卻是成熟的。

　　用來稱讚聰明的小孩，是說人小鬼大。

【10】

英雄出少年。

Eng-hiông chhut siáu-lên.

少年人英氣煥發。

　　讚美人家少年郎，才俊非凡。

　　英雄：泛指英氣煥發，鮮活帥氣的人。此處，不是指著像征服亞歐非的亞力山大大帝(356-323B.C.)，或成吉思汗一類的人物。

　　台灣的少年人，夠不夠英雄氣概呢？看來，夠英雄的不多，

有數字爲證，據行政院主計處報導：1992年，台灣15到24歲的青少年有330萬人，其中約有，就學45％，半工半讀3％，就業39％，失業44％。這些「失業」青少年之中，準備重考44％，在家料理家務31％，患病等6％。(《中國時報》1994(8.16):34)可見，極大部分的青少年人，把精力英氣盡用在準備「科舉」；然後，又有大部分少年，不得不把青春歡樂，用來應付落第的「見笑」和失業的痛苦。管見所及，在台灣科舉式的教育和老人文化特質的實況下，英雄不出少年。

【11】

老的老步定，少年卡盪嚇。

Laū-ē laū-pō͘-tiāⁿ, siáu-lên khah tang-hiáⁿ.

有經驗的人做事比較沉著，年輕人的行動就比較輕浮。

說青年人行動、做事，要謹愼在意，步步爲營。

老步定：做事篤定。老，老練，不指老人。卡：比較。盪嚇：行動躁進，不夠穩重；例如，《三國演義・103回》所載，蜀將魏延，爲了報告緊急軍情，而撲倒孔明祈禳延命的七星燈。

現代的台灣社會，仍然高舉「少年老成」的重要性，認爲是好青年的根本德性。不過，我們看不出，老成的少年有什麼可愛？其實，少年人的盪嚇是他們生長過程中必然的現象，乃是青春期的心理、生理因素所造成的影響；成人應該了解、接受，進而去欣賞他們。若是老人「盪嚇」，也不必大驚小怪，因爲老人也是人，而人性總是複雜、活潑、難以料定的。

【12】

少年鱠曉想，食老唔成樣。

Siáu-lên bē-hiáu siūⁿ, chiȧh-laū m̄-chiaⁿ iūⁿ.

少時不循規踏矩，老大了就不像樣。

　　勸少年人守規踏矩，努力精進，以免後悔莫及。

　　繪曉想：嚴重的，指做了干犯法律，犯罪的行爲；一般，是指心志懶散，缺乏上進的志氣，生涯沒有規劃，遊手好閑等等。不成樣：失敗的人，乃是角色和樣態不符合社會的要求，出界之人也。

　　古人深忌「繪曉想」，有勸戒詩這樣說：

> 青青園中葵，朝露待日晞，陽春布德澤，萬物生光輝；
> 常恐秋節至，焜黃華葉衰，百川東到海，何時復西歸？
> 少壯不努力，老大徒傷悲。(《文選‧古樂府‧長歌行》)

　　這句俗語指出，少年人「成樣」的出發點概在「會曉想」！但要注意的是，此「想」字的傳統了解是無關思想，不涉IQ，而是要謹守社會規範，努力爬登社會價值的階梯。就此而言，台灣的少年人已經爬得非常艱苦！情形是：1/3的青少年有情緒困擾的問題，1/10有涉犯罪案件；而國中生有1/10，高中生3/10有失學之苦。(《自由時報》1994(5.16):12)

　　說到，少年要「會曉想」時，總覺得我們的少年家眞是可憐，他們人人「頭卡大身」，因爲他們必需想的事情太多，又太難；除了想如何通過大學窄門，想怎樣適應複雜的社會之外，又要「會曉想」許多台灣獨有的難題，例如，"Chinese Taipei" 是什麼？「中華民國在台灣」可能嗎？「三民主義統一中國」道理何在？「中國在領海試射飛彈」是什麼一回事？❷委屈了，「會曉想」的台灣少年！

【13】

少年嗯風騷，食老則想錯。

Siáu-lên m̄ hong-so, chiȧh-laū chiah siūⁿ-chhò.

年青若不及時玩樂，到了年老將會後悔。

諷刺食古不化的老人，惋惜他們沒有經驗過少年人的風流韻事。

風騷：喜愛遊玩、娛樂，也指男女間的那回事；古代的用法是，泛指詩詞文章，或容貌俊俏秀麗。

舊時的台灣少年，知道怎樣風騷，又有機會和能力去風騷的，恐怕不多吧？而現代的男女少年，頻繁的聯誼活動，處處租巢同居，迅速瓦解了舊時代禁忌的藩籬。看來，不風騷的，就不是台灣的少年人了！

【14】

少年若無一擺戇，路邊那有有應公。

Siáu-lên nā-bo chit-paí gōng, lō·-piⁿ nah-ū iu-éng-kong.

路旁的有應公，可能是少年時做了不可挽救的傻事的結果。

勸戒年青人，不可走入歧途，以免後悔莫及。

一擺戇：鑄下一次大錯；擺，次也；戇，此處所指的是攸關生死的大錯，不關知覺的遲敏，智齡的高低。有應公：沒有家屬的枯骨。民間相信它們會變做「厲鬼」，作崇人間，使人不得安寧，以索取祭祀。又相信，祀之者，則有求必應，故稱祂們為「有應公」。

有應公崇拜是台灣民間信仰的一大特色，所祭祀的對象是「無緣孤魂」。祂們有：死於平亂的枯骨，稱為義民爺、忠勇公；死於械鬥的老大公、義勇公。❸至於，難民、游民、浪子的枯骨則稱金斗公、萬善公。顯然，這些無主孤魂之中，不乏建設台灣歷史的無名英雄。可憐！竟然淪為厲鬼，乞食人間。台灣的有應公廟，幾乎都在郊外，其廟屋大多簡陋醜髒，舊時常常淪陷做乞丐的大本營。

　　游鍵至此，我不禁感慨萬千，要是一個社會真的到了讓「一擺戆」的少年人，就變成「有應公」的話，豈不甚於納粹的死亡集中營？太殘忍了！這樣的社會，也沒有什麼值得「有應公」留戀！這樣的人民，也不配祭祀祂們！不過，台灣歷史確實有過這樣的災難。請看，西來庵事件❹，二二八慘案❺，有多少台灣菁英被化成「有應公」！還有慘絕人寰的，有幾位滿腹仁慈，獻身締造和平的嘉義士紳，也竟然被國府軍隊製成「路旁屍」。❻怎麼辦？豈不是在於：認識台灣歷史，記取教訓，不讓慘案重演！洞識台灣人的命運，來當家做主，建立文明的國家！

注釋

1. 愛嫁翁閣驚見笑[aì ké-ang koh kiaⁿ-kián-siàu]：很想嫁人，但又羞於啓齒。

2. 看到這些矛盾百出的「國號」、「口號」，真是令人欲哭無淚。就以奧運代表隊高舉的所謂 "Chinese Taipei"，「中華台北」來說吧，台北不過是台灣的首都，爲甚麼要用這市名，而放棄國名？再說，此處的 "Chinese"，儘管漢字寫作「中華」，好像對國民暗示那就是「中華民國」。如此的話，真是欺人太甚！這裡的 "Chinese"，明明是 "China" 的形容詞，意指「中國的」、「中國人的」。每當外國友人看到 "Chinese Taipei" 時，無不目瞪口呆，莫名其妙，替我們搖頭嘆息。至於「中華台北」，也是萬萬不通，不可用的，因爲「中華」是一個意義萬分複雜又紛亂的概念，說是包含：漢、滿、蒙、回……夷、狄等等民族，混成的「中華民族」。試想，什麼是「華人台北」？什麼是「中華民族台北」？政府不可使用它，人民應該拒絕它；這種閃爍其詞，不確不實，歪曲視聽的字眼詞句，是國家的奇恥，人民的大辱。這般用法，豈不是在破壞國民對自己的國家的信心嗎？

3. 阮昌銳《莊嚴的世界》，頁V-180-184。

4. 西來庵事件[se-lai-am sū-kiāⁿ]：1915年，余清芳、江定、羅俊等爲首所帶領的革命。目的在於推翻日本統治，並建設台灣國，因其據點是在台南市的西來庵，故稱爲「西來庵事件」。這是最大規模的抗日戰爭，參加的義士難以計數，經公審被告的有2229人，判死刑的有903人，有465人處以九至十五年徒刑。這是世界審判史空前的例子。不久適逢大正天皇登基，得大赦而減刑一等，除了已執行死刑的132人外，減爲無期徒刑。(詳見，鍾孝上《台灣先民奮鬥史》，頁413-439)。1965年，筆者牧會於玉井教會，聽該會長老說：日警逮捕了好多「造反」的嫌疑犯，他們被拘留在臨時拘留所玉井國校，日警隨即迫取口供，凡是否認參加的，入夜後就地砍頭或活埋，而承認的，後來送交法院，大都保得一命。

5. 發生在1947年，民國36年的「二二八事件」，在國民黨政府軍警鎗下造成的「有應公」，難以計數，按史明所記載的：「……在公開及秘密大屠殺被殺死的台灣人，僅台北一處即達萬人以上。當時，台北的人口只有三十餘萬，換句話說，三十人中就有一人，或六户之内就有一人被殺害。」(史明《台灣人四百年史》，頁783)。

6. 在此事件中，有嘉義市的醫師、律師等士紳十一人，帶著煙酒食物等，高舉「和平使者」布條，進入斷糧、斷水電的機場軍營，要慰問、要談和。但不容分說，國軍隨即用黑布蒙使者眼睛，加以監禁。幾天後，有九位被鎗斃於嘉義市火車站前廣場。詳見，李喬《台灣人的醜陋面》(台北：前衛出版社，1988)，頁89。

第三節　緊張的年代

本節分段：

身體 01-03　家庭 04-05　心理 06-09　經驗 10

【01】

三十歲查埔是眞童，三十歲查某是老人。

San-chȧp-hoè cha-po͘ sī chin-tâng, san-chȧp-hoè cha-bó͘ sī laū-lâng.

三十歲的男人，像跳神的乩童能蹦能跳；而三十歲的女人，卻已經是一個衰老的婆婆了。

（注釋請看 12.03）

【02】

男人三十一枝花，女人三十老人家。

Lam-jîn san-chȧp it-ki-hoa, lú-jîn san-chȧp laū-jên-chia.

三十歲的男人如盛開的花，而三十歲的女人卻像個老婆婆。

（注釋請看 12.04）

【03】

四十歲查埔是鸚哥，四十歲查某是老婆。

Sí-chȧp-hoè cha-po͘ sī eng-ko, sí-chȧp-hoè cha-bó͘ sī laū-pô.

四十歲的男人如同艷美的鸚鵡，而四十歲的女人卻像個老太婆。

（注釋請看 12.05）

【04】

三十無娶某，講話臭奶呆。

Saⁿ-chảp bo-chhoā-bó͘, kong-oē chhaú-leng-tai.

三十歲尚未取妻的男人，講話仍然帶著幼兒腔調。

用來譏刺中年的單身漢。

臭奶呆：原是五六歲以前的小孩，語言的官能還未盡發展完成，講話時發音，音調含混不確，帶著小孩可愛的音色，例如，「美娜」說成「比娜」，「阿公」成爲「阿古」。此處，由臭奶呆，喻指人格尚未成熟，不能予以十分信任。

舊時台灣，男十六歲，女十五歲就可以結婚。正常的男人甚少「三十無某」，這把年紀無某的，就打入「羅漢脚」族了。❶當然，人格的成熟和「娶某嫁翁」沒有必然的關係；不成熟的，就是一再嫁娶，也一定講話臭奶呆的！

然而，不論有沒有臭奶呆，三十歲是人生的分水嶺，此時做一些比較根本的反省，對自己人格的繼續發展也許比較有益。詹文豪「三十歲」的省思可做參考，他說：

三十歲以前做事總是求周全；

三十歲以後開始嘗試循簡要的途徑處理事情。

三十歲以前因爲東西之可口而讚美；

三十歲以後因爲体貼的心意而感恩。

三十歲以前在不斷收藏中自我肯定；

三十歲以後在學習中發現自己。

（《中央日報》1995(9.15):4）

【05】

三十無見囝，終身磨到死。

Saⁿ-chap bo-kîⁿ-kiáⁿ, chiong-sin boa-kaú-sí.

到了三十歲還沒兒子，就得終生勞碌。

這是先人養兒待老的夢想。

囝：主要是指「後生」，男兒也。傳統的台灣人認爲「飼後生替老爸，飼查某囝替大家。」❷磨[boâ]：勞碌，像老牛拖著萬斤重載。

從這句話我們可以清楚看出，爲甚麼舊時代的台灣人，對「添丁」的父母爭相「恭喜」的理由。那時「人生以五十爲老」❸，到了三十歲不養個後生的話，養兒待老的大夢就將破滅。在沒有全民健康保險、失業救濟、退休制度、老人養老等等福利的社會，養兒待老的思想也是很自然的事。不過，一定有不少老人，待老之夢難圓，艱苦無人知，滿腹苦水；說什麼：「親生囝，唔值著家己財」，「翁親某親，老婆仔拋車輪。」❹勸孝，教孝，有孝的舊社會，尚且如此，現代「翁親某親」的社會，「老婆仔」的命運，也就不問可知了！

【06】

上卅，赡攝。

Chiūⁿ siap, boē liap.

人一但上了四十歲，做事就不能隨心所欲了。

是說，中年人的体能限制。請注意！這句俗語若用指女士，將構成「性騷擾罪」，因它暗諷女人性器官退化，無能高潮等等。

赡攝：攝，張縮自如，喻指隨心作爲的能力；赡攝，無能。

看來，先人的性趣雖高，但性知識卻相當貧乏；性醫學者江

漢聲有「女性第二春」的高見，可糾正「上卌，𣍐攝」的錯誤，他說：

> ……中老年女性的「性趣」和性生活情況要比男性差很多，甚至很多婦女認為「停經」就是「性」的終結，更年期以後不要再有性生活的意願……這個觀念在現代必須修正，只有人類才有第二春……我們可以克服生活上荷爾蒙的衰退，從生活經驗上去体會人生另一個「性」的高峰。(《自立周報》1995(3.10):15)

【07】

人過四十，天過晝。

Lâng koè sì-chảp, thiⁿ koé-taù.

人過了四十歲，好像一天的時間已經過了正午。

中年人用來發洩懼老的情緒。

究竟懷有「白首功名原未晚，笑人四十嘆白頭」(陸游「獨酌有懷南鄭」)的人生觀和自信心的人，有幾個？一般人過了四十歲，難免有「時不我予」的感傷。不過，四十歲的人生，不應該僅僅記住那些不滿的、屈辱的、失敗的經驗，應該回憶那溫馨的、快樂的、滿足的往事—甚至於，自義地數算，那或大或小的善業美果，也未嘗不可！這樣的話，比較可能產生感恩和喜樂的心，來經營更加美善的，下一個四十的人生。

【08】

年驚中秋，人驚卅九。

Nî kiaⁿ tiong-chhiu, lâng kiaⁿ siap-kaú.

年怕中秋這個節氣，人怕卅九歲這一關。

這是進入老年時期的恐懼。

　　卅九：四十九歲這一年。卅，四十也。

　　舊時的台灣人，相信四十九歲是人生歷程中可怕的一個關鍵年。其理由有二：一是「卅九」由四和九構成，而「四」的音，近似「死」；「九」是數之「盡」頭，又是九「怪」。因此，台灣人以為大忌。二是命相家的影響，迷信卅九歲是人生的一個「大劫」，不是人人可以順利過關的。不過，「人驚卅九」的主要原因，可能是驚覺到自己已經從生命的巔峰滑落，體能精力大不如前；日已西斜，怎麼會沒有焦慮！

　　其實，現代台灣人的驚懼，豈是「人驚卅九」所能表達的？約言之，有潛在於台灣社會的驚惶，個人生命歷程意識到的不安。前者，如食物中毒、空氣污染、交通事故、犯罪案件，以及中國的侵犯等等。而後者，乃是自幼年開始一連串的讀書、考試、升學、就業，等等挑戰，造成潛意識可能失敗的驚懼，或是失敗經驗的抑壓。誠然，包圍著我們的，原是比先人的「卅九之驚」更根本、更強烈、更嚴重的驚惶呀！面對這些驚惶，大驚小怪是沒有用的，應該勇敢地面對它，智慧的看透它！—台灣人應該表現一下「收驚」的本領！但不是「老君在此，急急如律令！」的那一種！

【09】

月過十五光明少，　人到中年萬事休。

Goeh koè chap-gō· kong-bêng siáu, lâng kaù tiong-lên bān-sū hiu.

月亮過了十五就逐漸暗澹，人過了中年也就沒有什麼希望了。

　　這是中年人，前瞻人生時，所發出的感嘆。語見《名賢集》。

　　月過十五：圓滿過後，漸入虧缺的月亮。月的盈虧，是詩的常有主題，勾起多少詩人深沉的感慨，王和卿曾有過「花到三春顏色消，月

過十五光明少」的「自嘆」。

舊時,人的壽命短,到了中年事業未成,以後成功的機會更少。歲月的飛逝,令有志奮鬥的人感傷不已。現代人,必定更加意識到時間的不夠用,因知識的空間幾乎無限地擴大,不得不投注更多的青春,更強的精力,去追求專業知識,去學習專精技能,而這一切必要的努力,卻使中年靜悄悄地來到。同時,除了少數天才和幸運兒之外,要達到做爲傑出的領袖、專家,要成爲有顯著成就的學者,也多在中年以後!可見,「人到中年萬事休」,已經不能妥當地反映現代的人生觀和心理感受了!

【10】

三十歲後, 則知天高地厚。

Saⁿ-cha̍p-hoé aū, chiah-chai thiⁿ-koân tē-kaū.

到了三十歲以後,才知道爲人處世的困難。

用在感嘆處世爲人之難。語見《格言諺語》。

三十歲:是身心成熟的年歲,傳統所謂的「而立」之年,《論語・爲政》載:「子曰:『吾十有五志於學,三十而立,四十而不惑……』」則:文音爲[chek],轉音做[chiah],意思是才、方才。知:是知道,是認知的活動;此處,強調從經驗而得的領會。天高地厚:指人情、世事、事理的難以了解,如天之不可及,地之不能入。

台灣社會的人際關係網絡複雜,人情世故變化極其微妙,遠非家庭和學校教育所能傳授的,於是「字深,人袋屎」的 ❺,自不能免。如果說三十年戰戰兢兢的社會生活經驗,才知道做爲台灣人的一個「難」字,那麼這樣的社會,未免太封閉,太麻煩,太束縛,太不健康了。熱愛台灣之士,用「呣驚死」的精神來「愛鄉土」之同時,是不是也該多多關心於改善她的體質,使她更開朗,更

純眞，更自由，更健康！

注釋

1. 羅漢脚[lo·-hán-kha]：舊時，過了適婚年齡的單身漢的通稱，含有輕蔑的意思。

2. 飼後生替老爸，飼查某囝替大家。[Chhī haū-siⁿ thé laū-pē, chhī cha-bo·-kiáⁿ thé ta-ke.]：意思是，養男孩可以幫助爸爸，養女孩幫助婆婆。大家：丈夫的母親。

3. 吳瀛濤《台灣諺語》，頁31。

4. 親生囝，唔值著家己財[Chhin-siⁿ-kiáⁿ, m̄-tát-tióh ka-kī chaî.]：意思是，自己的錢財比親生的兒子可靠。翁親某親，老婆仔拋車輪[Ang-chhin bó·-chhin, laū-po-á pha-chhia-lin.]：是說，孩子和媳婦只管親親熱熱的，不但冷落了老母，而且讓她掙扎著維持自己的生活。

5. 字深，人袋屎[Jī-chhim, lâng tē-saî.]：意思是：學問相當，爲人處世不懂，又不通。袋屎：字義，腸胃裝的儘是糞便；喻指，受過相當高等的學校教育，但食古不化，頑固萬分，做人做事不知通情達理。

第四節 悲情的老人

本節分段：

外表 01-04　体能 05-14　性格 15-27
心理 28-35　敬老 36-39

【01】

頭毛，嘴鬚白。

Thau-mn̂g, chhuí-chhiu pe̍h.

頭髮和鬍鬚都白了。

　　形容老態畢露，長者自嘆老矣。

　　頭毛：頭髮。嘴鬚：鬍鬚。

　　玄絲變白毛，未免勾起一些莫名的感傷，「黃河清有日，白髮黑無緣！」(劉采春《羅嗊曲》)，是可以了解的。不過，白髮不該是老人感嘆的根本理由吧？能不能這樣自勉：我要勇敢接受自己的老身，坦然來欣賞自己的老命，預備自己進入更純真的老境界。假如，一定非要黑髮不可的話，把它染得烏溜溜的，也頗簡單。又假如，一定非嘆息不可的話，不妨想一想嘆氣的理由和內容。也許，呂坤的意見有些參考價值，他說：「老不足嘆，可嘆是老而虛生；死不足悲，可悲是死而無補。」(《呻吟語・力行》)

　　古以色列人有這麼一句諺語：「白髮是榮耀的冠冕。」(《聖經・箴言》16:31)那麼，臺灣人說「嘴鬚白」是什麼？會說他是生命榮耀的記號嗎？有得瞧！「老」的形像總是關聯著衰弱、疾病、貧窮、醜陋；「老」的意涵永遠沉澱在消極、悲觀、絕望的醬缸裡。真是可憐啊！

【02】

無日唔知畫，無鬚唔知老。

Bo-jit m̄-chai taù, bo-chhiu m̄-chai laū.

陰天不覺得時已過午，無鬚也就忘了老之既至。

　　是說，光陰易逝，轉眼間白毛報老。

　　畫：中午。

【03】

老猴，無粉頭。

Laū-kaû, bô hún-thaû.

滿臉深刻皺紋，再也沒有豔抹的餘地了。

　　感嘆青春逝之久矣。又常用來諷刺那化裝過分的老婆婆。

　　粉頭：足能承受濃裝豔抹的面首。

　　其實，現代人大可不必為著粉頭操心，發達的美容術幾乎能夠除去光陰踐踏過的痕跡。該小心的是，有些老婆婆為捍衛粉頭，去拉了皮；結果，雖然面皮算是拉緊了，但老態、老聲、老氣，還是安若玉山 ❶，眞慘！當知，老人的美，那裡是在粉頭？有處尋的！例如，韓琦所發現的：「雖慚老圃秋容淡，且看寒花晚節香。」(韓琦《安陽集·九月水閣》)「晚香」是不是比「粉頭」來得實在，來得自然？是的話，就有她的特殊之美，那是來自生命本源的「粉頭」。安啦！可敬的老先輩。

【04】

食老，倒勼。

Chiah-laū, tó-kiu.

上了年紀的人，越老變得越矮小。

嘲笑老人，身體衰弱，意志消沉。這句俗語是，從老人身體老化的生理現象，說到意志、氣概、操守的不如從前。

倒[tò]：反而、變成。勾：龜縮、矮縮、消極、膽怯。

人老体勾，好像是無可奈何的事，但是練氣功，打太極，修靜坐，都可能延緩老衰的速度。不過，其先決條件是心的青春活潑；看來，陸游有這種修養：「寸心未與年俱老。」(《劍南詩稿・春社有感》)我們相信，「食老，倒勾」並不是人類的宿命，提早預防的話，腰部要挺得像電線杆的直，也好像不很困難。

【05】

老，扒無土豆。

Laū, poé-bo thó·-taū.

人老体衰，連採收花生也做不了。

老人自嘲，也可能是頑童的戲謔話。

扒土豆：採收花生；扒，用手或器物，撒開遮蔽而取物。土豆：落花生。

這句俗語莫非要教人，當趁著年青力壯，多賺些錢。那麼，老弱時，就可坐著笑看少年郎扒土豆了！

【06】

老，勿會哺土豆。

Laū, boē-pō· thó·-taū.

老人，嚼不動花生米。

老人用來自嘲衰老，含有幾分落齒的悵惘；也可能是頑童的戲謔話。

哺：用牙齒嚼磨。土豆：土豆仁，花生米也。

　　顯然的，「哺土豆」的能力和牙齒的健康存亡有關，而和年齡沒有必然的關係——也許我們還記得古文名家韓愈，寫了一首驚動牙醫學會的「落齒」詩，說他從三十六歲開始，就大規模的掉牙落齒，只剩下數顆動搖的，就要脫散的齲齒。當然，哺土豆他是牟法度了，恐怕哺豆腐都有問題！有詩爲證：

> 去年落一牙，今年落一齒，
> 俄然落六七，落勢殊未已，
> 餘存皆動搖，盡落應始止。
> 憶初落一時，但念豁可恥，
> 及至落二三，始憂衰即死，
> 每一將落時，懍懍恆在己。
> …………❷

　　今日台灣的口腔醫學和牙齒保健觀念發達，只要善加照顧，老人都有齒留土豆香的可能，何況是36歲的青年才俊？當知，台灣1994年的健牙比賽，總冠軍是83歲的崔介忱老先生，他仍然擁有30顆完整的牙齒呢！《聯合報》1994(3.25):4)

【07】

老到， 𣍐哺豆腐。

Laū-kah, boē-pō͘ taū-hū.

老得連豆腐也咬不動。

　　形容老衰之極。

　　不過，奧妙難解的，據說，就是像老彭祖那種阿公仔，都有「吃豆腐」的欲望和能力！

【08】

手尾冷，耳孔燴利。

Chhiú-boé léng, hīⁿ-khang boē-laī.

手冰冷，耳重聽。

　　用指老人家血氣衰敗，手足冰冷，聽覺遲鈍。

　　耳孔燴利：重聽。耳孔：聽的器官也。利：銳利、靈敏。

【09】

囡仔放尿漩過溪，老人放尿滴著鞋。

Gin-á páng-jiō soān-koé khe, laū-lâng páng-jiō tih-tioh ê.

小孩尿撒得遠，老人就不行。

　　這原是頑童的順口溜，用來戲弄老人，是粗陋無禮的話。

　　爲甚麼「老人放尿滴著鞋」呢？可能是個症狀哦！如果是的話，醫師蒲永孝有所診斷，值得大家注意，他說：

　　　　攝復腺肥大的症狀，中期時，膀胱壁爲了克服尿道阻力而代償性增厚，因此會有頻尿、尿急、夜尿次數增多、急迫性尿失禁等膀胱受刺激的現象。若膀胱收縮力開始衰退，則會有殘尿感，解不乾淨或甚至完全解不出尿來等窘況……根據統計，五十歲以上的男人，約有四分之一在其一生，會因上述各種症狀接受治療……。(《中央日報》1994(12.12):6)

　　我們沒有別的用意，只認定醫師的高見應該是這句俗語最好的注釋。當然，我們心裡的祝願是：所有的老人和囡仔，身體健康，放尿都能漩過溪，無人放尿滴著鞋！

【10】

食老三項醜，加嗽、泄尿兼滲屎。

Chia̍h-la̍ū saⁿ-hāng baí, ka-saù, soah-jiō kiam siám-saí.

上了年紀的人，有三樣毛病：咳嗽和大小便失禁。

這是頑童的順口溜，我們留做記錄，以窺台灣俗語的另一面。

醜：原義是「難看」，此處引伸做身體的「毛病」。加嗽：咳嗽。泄尿兼滲屎：大小便不能控制。

不幸得很，頑童所嘲弄的，原來是人類共同的命運；所消遣的，特別是台灣無數人「尿尿」的尊嚴。張甄芳給我們透露了一項壞消息：台北榮總調查1990起四年久的台灣「尿路結石」，研究結果發現全台有十分之一的人口罹患此症；以地區而言，中部患者比北部為多，是10.94％和7.7％；以縣市言，雲林12.8％最高，嘉義4.1％最低。(《中央日報》1995(1.12):8)

看來，我們的頑童，不久也可能有「一泄之醜」加身，豈不可憐？

【11】

一歲一歲差，倒落眠床嘛快活。

Chit-hoè chit-hoé chha, tó-lo̍h bin-chhn̂g mā khuíⁿ-oa̍h.

一年比一年差，躺在床上才覺得快活。

可能是，老人用來自嘆老衰。

倒落：躺下休息，不是跌倒。眠床：睡覺的床鋪。嘛：也、就，做副詞用。

【12】

四十過，年年差；五十過，月月差；六十過，日日差。

Sì-cha̍p koè, ni-ni chha; gō͘-cha̍p koè, goe̍h-goe̍h chha; la̍k

-chȧp koè, jit-jit chha.

健康情形是：四十歲以後，一年不如一年；五十歲以後，一月不如一月；六十歲以後，一日不如一日。

老人嘆息歲月無情，剝削了身體的健康。

【13】

老罔老，卡有牽挽。

Laū bóng laū, khah-ū khan-bán.

老人比較能夠經得起折磨。

這是民間的一種見解，相信老人比壯年人更經得起病魔的侵襲。

罔：雖然。牽挽：身體和精神，經得起種種折磨的強韌度，即是「擋頭」❸，如久病不死，並不是性格的忍耐或耐性。

時至今日，這句俗語須加修正，現代老人之死，多數不是舊時「有牽挽」的慢性病，而是值得注意、關心的社會問題；醫師邱淑媞指出「老人意外事故」的真象：

　　……老人之運輸事故、意外墜落、火災、意外中毒、及所有意外事故合計之年齡別死亡率，均明顯高於其他年齡層。……其中，單是機動車交通事故一項，就約佔男性老人所有意外事故死亡的一半，在女性亦佔約四成左右。

又說：

　　意外中毒和溺水的老人中，恐怕有相當比例並非意外，而是自殺。（《中央日報》1995(5,5):8）

可見，老人的健康和安全考慮，不在於他們之「牽挽」，而是在於須要安養的家庭和安全的社會環境。——老人都自殺了，還談什麼卡有，卡無牽挽的？

【14】

老骨定吭吭，老皮膾過風。

Laū kut tēng-khong-khong, laū phoê boē-khoé-hong.

老人的骨頭硬似鐵，他的皮膚不透風。

戲謔話，說老人硬朗，不畏寒冷；此說，有違生理衛生常識！

定吭吭：定，堅硬也；吭吭，敲擊硬質空器的反響聲。

「老骨定吭吭」，不知從何說起？當知老人是比較容易骨折的，因為骨質隨年歲的增加而退化，若是不注意營養、運動、醫護的話，可能纏上「老年性骨質疏鬆症」，那時就「老骨脆脆脆」了！

說「老皮膾過風」，也是一派胡言；老人的皮膚變薄，彈性減少，皺紋增加，老斑出現，多麼薄弱，須要多多保養的，那裡有「膾過風」的道理？

總之，這句俗語是惡劣的，很不衛生的笑話！

【15】

老神，在在。

Laū-sîn, chaī-chaī.

神氣安閑，接應泰然自若。

用指長老特有的應變態度，也用於形容，中壯年人在麻煩困難當頭，應付自如，極有自信，像個老先覺。❹

老神：老練的神態。在在：穩重，不隨便，意志不容易被動搖。

【16】

老的，老步定。

Laū-è, laū-pō͘-tiāⁿ.

老經驗者，做事沉著穩定。

稱讚年紀較大的，或較有經驗的人，想法和做法不躁進，能合乎中道。

老步定：步伐穩健，中規中矩。

對於一個自由主義者，或年青人而言，「老步定」可能是思想封建，做法保守，溝通無能的同義詞。青年人若是修成了「老步定」的功夫的話，一定是相當不可愛的了！

【17】

老的老步定，少年卡盪嚇。

Laū-ê, laū-pō͘-tiāⁿ; siáu-lên khah táng-hiáⁿ.

老的，做事沉著穩定；少的，行動比較浮躁。

稱讚「老步定」的前輩，並用來教訓年青人，做事要審慎，行動須穩重，不可妄動。

盪嚇：做事急躁，原指受驚而抖動盪；反義詞是「老步定」。坊間有做「懂嚇」和「響影」的。

盪嚇可說是少年郎思想和行動的特質，也是人格發展應有的過程，無傷大雅，無礙風化，家人、鄰人、學校、社會應該接受。我們實在無法想像，一個「老步定」的青少年人，有什麼可愛？青春易逝，大人何必急著迫他們去「少年老成」呢？

【18】

老瓜，熟籽。

Laū koe, sek chí.

熟透了的瓜果，其籽粒飽滿成熟。

喻指老人思慮縝密，城府深沉，乃是「老步定」的所以然。

老瓜，熟籽，應該；芏瓜，熟籽，不應該，是違反自然法則

的。

【19】

老甘蔗，老根節。

Laū kam-chià, laū kin-chat.

老人多謹愼。

用來稱讚老人家做事爲人，循規踏矩，步步謹愼，毫不苟且。這是用老甘蔗淸淸楚楚的節目和堅硬的根部，來做老人多「關節」的類比。

我們知道，假如「紅甘蔗」❺的節目太多的話，就不是人的牙齒所能囓食的，只好曬乾來當做火柴了。像這樣，老人的根節太緊密的話，年靑人就無法親近他，結果是孤立自己，只能做個顧影自憐的老孤老了。❻老根節者，豈可不愼戒乎？

【20】

食老，變相。

Chiȧh laū, pián siòng.

到了老年時，性格和行動變了。

諷刺「老不修」、「老風流」一類的人物，是一句帶貶義的俗語。

變相：性格、行爲的負面變化。相，款式、樣態。

傳統的台灣文化，給各年齡階層的人，立下一定的「相」。而老相的標準是：孔子的斯文、釋迦的慈悲、老子的無慾。一旦稍有呂洞賓的風流，何仙姑的開放，衛道之士就要三擧禁牌，大喊離經，大叫「變相」了！我們的老人家也實在太可憐了！社會要求他們的是，當個沒有個性的老樣版。

【21】

老人，成細囝。

Laū-lâng, chiaⁿ-sé-kiáⁿ.

老人的心性行動，變得像小孩的一般。

用法有二：一是褒中帶貶，說那個老人變得如何的幼稚。二是貶中有褒的，說那位老先生頗能放下身段，像小孩一般地玩樂著。請讀者小心應用！

理想的台灣老人的人格是：儀威而不隨便，慈祥而不糊塗，無求但不虧損；老人一旦成了老可愛、老古錐，也就完了！❼不過，反過來一看，那些不快樂的老人之所以不快樂，也就在於成不了細囝，放不下威猛的身段，想不通假糊塗，看不開名位利害；「大人者，不失其赤子之心者也」(《孟子・離婁下》)的，實難一見。總之，細囝在台灣文化中，還沒有受到正確的了解和應有的尊重，老人誰敢「成細囝」？

相較於臺灣社會，歐美的細囝比較受到照顧和尊重，以德國爲例，二十七歲以前還在就學的學生，不分貧富都有每月200馬克的「兒童補貼金」可領；重視細囝是其文化特色，也許是基督精神的影響吧！耶穌基督曾說過：「讓小孩到我這裡來，不要阻止他們，因爲天國的子民正是像他們這樣的人。」(《聖經・馬太福音書》19:14)

【22】

食老，倒少年。

Chia̍h-laū, tó siáu-lên.

老了，反而顯得年青。

這是稱讚老人，養生有術的恭維話。

　　本句旣然是一句「交際語」，老人就不可將此話當眞，認老認輸是漢人的微妙智慧。請看，古之王安石，其所以招來橫逆，除了保守派爲敵外，難道跟他的「歲老根彌壯，陽驕葉更陰」(《孤桐》)的不認老，不服輸，沒有關聯嗎？按常理而言，保有一己的剛陽之氣是個人的自由和權利，但是複雜的人間，就是沒有容納他的空間啊！

【23】

老牛，展春草。

Laū gû, tén chhun-chhó.

老牛展示其青春的牛威。

　　譏刺老人不認老，還要裝著像少年人的靑春樣態。

　　此句，按陳修的解釋是：「喩老人學靑年的模樣。」❽

　　老人爲甚麼不可「展春草」呢？一定有好多理由，如，可能學得不三不四。不過，最主要的理由可能是：何必學少年？在老人的世界中，有無數最適合他們的「驚奇」和「價值」的。有智慧的老人必能辨認，什麼是自己所歸屬的世界，所要探尋、發現、擁有的對象！據悉，刻意展春草的老牛，春情蕩漾，色心汲汲，時時「想食幼菅筍」！凡我純潔少女，請小心了！

【24】

食老，老顚倒。

Chiàh-laū, laū then-thòh.

老了，言行變得反覆不一。

　　嘲笑性格、言行失常的老人。

　　顚倒：不讀做[ten-tó]，是指老人因記憶力退化，或因心理不平

衡，或因人格改變，等等原因，引起的言行不實、不一、不定。

【25】

十老，九膨風。

Chảp laū, kaú phóng-hong.

老人，大多會吹牛。

　　用來斷言，一般老人都有吹噓的性格和傾向。

　　十……九：十中有九，多數也。膨風：如風吹入氣球之膨脹，或如消化不良的肚腸膨風，引伸做，自我膨脹，吹牛也。坊間有做「膨豐」或「胖風」的。

　　假使我們的社會是一個「十老，九膨風」的社會，那麼我們就有福了！爲甚麼有福？因爲表示我們的社會言論自由，沒有「白色」的恐懼。同時，表示社會祥和安定，老人有足夠的甜蜜經驗，又有願意聆聽故事的小輩，好讓他們有唱不完的「思想起」，訴不盡的「想當年」。我還清楚地記得，在那白色恐怖時期的台灣，老人莫不個個像漏了氣的皮球，丹田無力，只有哀嘆，那有什麼精神來吹牛皮呢？所以，我們不該以老人的吹牛爲不可忍，而應該用平靜的心，試著去了解、去欣賞他們，甚至捧個場，結個皆大歡喜的「膨風緣」有何不好？這樣的話，我們的家庭、社會或個人的心靈，可能會更健康，更快樂些！

【26】

十個老歲仔，九個嚣韶；十個後生，九個下消。

Chảp-e laū hoé-á, kaú-e hau-siâu; chảp-e haū-se^{n}, kaú-e hā-siau.

十個老人，九個會撒謊；十個孩子，九個不中用。

　　可能是老少互相間的「消遣」，要是當眞的，台灣不早就完了!?

　　老歲仔：老人也，是沒有禮貌的說法。囂韶：撒謊、白賊[pêh
-chhat]；此處是說，喜歡吹牛皮。又，囂韶，是粗俗的話；文雅些的
是，白賊。下消：虛弱無能，全無剛陽氣概的男人，原是病名。下消
者，中醫斷爲「因腎陰虧損，虛不固攝所致。也與脾失輸有關。如小便
頻多，面色暗黑，陽萎，脈沉細而弱，是陰陽兩虛之象。」❾

　　「十個後生，九個下消」究竟指的是誰？從歷史看來，台灣靑
年沒有這個病歷！是不是指著那群唐山過台灣的鴉片仙，及其黨
徒？當知，台灣的後生表現的是「三年小反，五年大亂」，反專制
腐敗政權的英勇行爲。這豈是「下消」的後生所能做的？至於現代
的，則更是男壯女健，聞名於世界的：前有十項鐵人楊傳廣、追
風女俠紀政，繼之有少棒群英，剛才有神力小姐陳淑枝—她在中
國廣州破83公斤級，挺舉及總分二項的舉重世界記錄。勿庸置疑
的，台灣的少年郎是沒有「下消」的了。

　　我們知道，在國際場合，就是再弱小的國家，她們的金牌選
手的頒獎典禮，莫不奏國歌，升國旗。然而，爲甚麼我國的陳大
國手世運金牌大典，升的卻是酷似四健會的隊旗，奏的宛如加油
歌？(→"Eurosport" 1995,11.24)眞是令人驚訝萬分，國府那一大群老人
到底鑄下了什麼大錯？弄到我國在國際上，沒有國名可叫，沒有
國旗可升，沒有國歌可唱！原來，這就是「中華台北」("Chinese
Taipei")或是所謂的「中華民國在台灣」的國際實況呀！

　　我們看了，怎麼不傷心？台灣人是被騙了！那麼要問，誰最
囂韶？當然是國府的老歲仔！誰最下消？當然也是國府的老歲
仔！

【27】

過橋卡濟你行路，食鹽卡濟你食米。

Koé-kiô khah-chē lí kiaⁿ-lō·, chiah-iâm khah-chē lí chiah bí.

老人所經過的橋面，比年青人走過的路途長；老人所吃下的鹽巴，比少年人吃下的米飯多。

這是老人自吹的大牛皮，說他們經驗豐富，絕非年青人所能比擬的。

卡：較也，是較的借音字。濟：多也，如濟濟多士。

我們不懷疑，老人的經驗有非常寶貴的地方，是傳統老文化的基石。然而，老人一旦將老經驗加以權威化、絕對化，則將喪失昇華經驗爲智慧的能力，結果只是留下一大堆玄虛空論。這大概是孔夫子提醒老人，必要「戒之在得」(《論語・季氏》)的用意吧！想看看，吃鹽巴比吃米飯多的結果是什麼？沒有別的，木乃伊是也！

【28】

人怕老，債怕討。

Jîn phàⁿ-ló, chè phàⁿ-thó.

人怕變老，債怕催討。

用指窮苦老人的心境。這句俗語，用還不了債的苦楚，來比喻老人難以接受，老年時期必須面對的，種種可能發生的不幸，如貧病交加，妻離子散，老命不保等等。

【29】

人驚老，豬驚肥。

Lâng kiaⁿ laū, ti kiaⁿ puî.

人老近黃泉，豬肥近屠肆。

　　這句俗語點出，人怕老的根本理由。先人用豬肥之日，即是賣肉之時的慘況，來類比可憐的老人，來反映他們憂愁驚惶的心理狀態。當然，這也是舊社會一般老人慘狀的寫照，實在是可悲又可憐！

【30】

天怕秋日早，　人怕老來窮。

Then phàⁿ chhiu-jı̍t chó, jîn phàⁿ ló-laî kêng.

歲月害怕秋天的到來，而人懼怕貧窮的晚年。

　　用老者的顧慮來勸戒少年人，應在少壯時多賺些老本。

　　這句古諺很漂亮地把季節擬人化，說天氣竟然害怕秋天肅殺之氣的蹂躪。於是，進而淒涼地透露出，晚年最驚懼的是缺乏那「忠實可靠」，幾乎是「萬能」的金錢。

【31】

不怕少年苦，　只怕老來窮。

Put-phàⁿ siáu-lên khó·, chí-phàⁿ ló-laî kêng.

不怕少年時吃苦，只怕晚年時貧窮。

　　用以勸勉年青應該及時努力賺錢，以免老來貧窮。

　　少年苦：少年時，讀書的，要苦讀；作工的，要苦幹；種田的，要苦耕。理論是：吃得苦中苦，方為人上人。當然，這都是老社會，老先人的智見，現代人不一定要同意，行之也不一定見效。

【32】

人老心未老，　人窮心莫窮。

Jîn-ló sim bī-ló, jî-kêng sim bo̍k-kêng.

人不能留住青春，但要保住堅強的意志；人難得富有，總是要維

持旺盛的心力。

　　這是老人自我勉勵的話，語見《注解昔時賢文》。典故是，老將軍馬援自動請求遠爭交趾，漢帝同情老將，令他退休。但馬將軍奏曰：「人老心未老！」於是耍了幾招，據說，勝過少壯時的馬英雄。像這種話，王勃也曾說過：「老當益壯，寧移白首之心；窮且益堅，不墜青雲之志。」(《滕王閣序並詩》)

　　雖然，肉體因素對於心理和意志有直接的影響，但是心靈和精神的平安寧靜，也會增進身體的健康。這句俗語講的，也頗有道理吧！

【33】

甘蔗，老頭甜。

Kam-chià, laū-thau-tiⁿ.

甘蔗的老根是甜蜜的。

　　用甘蔗根部比蔗尾甘甜，來喻指老人享有快樂幸福的晚年。

　　什麼是台灣老人的「老頭甜」呢？答案並不很複雜。舊時的比較單純，老人只要有「高椅坐，低椅掛脚，食飯配豬脚，燒茶捧來喝」(33.07)的清福，就很滿意，很老頭甜了。現代老人的，比較複雜，他們要擁有鉅金、維持面子、玩弄權勢、確保健康、擁抱豔婦等等。然而，時下台灣不少「甜分」已經很夠的名老人，看來卻相當的「老頭苦」，可能是甜分的物質成素過高，缺乏精神的淨明和智慧的歡喜吧？宋・朱敦儒有「老來可喜」的智慧，可供老頭苦的參悟，他說：

　　　　老來可喜，是歷遍人間，諳知物外，看透虛空，將恨海愁山，一時按碎，免被花迷，不爲酒困，到處慢慢地，飽來

覓睡，睡起逢場作戲。休說古往今來，乃翁心裡，沒有許多般事；也不修仙，不佞佛，不學棲棲孔子；懶共爭賢，從教他笑，如此只如此。雜劇打了，戲衫脫於台底！❿

【34】

甘瓜，苦蒂。

Kam koe, khó͘ tì.

甜瓜的蒂是苦的。

說出老來甜的傳統祕訣，乃是在於先苦後甘。少年要吃苦，才能在老年時享福，正如瓜先要有苦蒂，然後才能生出甜瓜來。

蒂：果枝連結果實之處，喩指根本。

【35】

夕陽無限好，只是近黃昏。

Sek-iông bû-hān hó, chí-sī kīn hong-hun.

夕陽的時光儘管美好，但即將沉落西山。

感嘆一生奮鬥，到老年時雖然有所成就，但這幸福滿足的晚年，竟然如此短暫。這是詩句的俗語化，給諺語注入豐富的生命力。

出自，唐、李商隱《李義山集・樂游原》，原詩是這樣的：

　　　向晚意不適，驅車登古原；
　　　夕陽無限好，只是近黃昏。⓫

現代人生命的夕陽期，該是退休以後的日子吧！但退休不是一件容易適應的事，須要多年，多方面的準備。有人說，快樂的退休有三個條件：「要老本、老友、老伴。」(《中央日報》1994(9.27):4)我們認爲，在這基礎上，須要再加上「新趣」，才會更加美滿，例如，

時下好多台灣的老人，學會電腦，用來寫作、通信、遊戲，好不得意！最近，好多老人又跟進了電子郵便(Email)，出入於無限資訊網路的世界，欣賞無奇不有的映像宇宙，眞是快哉！總之，新趣是親近子孫，通往後起俊秀的世界的最佳媒介啊！

【36】

人生七十，古來稀。

Jin-seng chhit-si̍p, kó·-lai-hi.

自古以來，享壽七十歲的人很少。

　　原來是「愁老」，但可用來恭維長壽翁婆的養生有術，仁者長壽。

　　語見，唐‧杜甫：「酒債尋常行處有，人生七十古來稀。」(「エ曲」)後來的《增廣賢文》在「人生七十古來稀」之後，加上一個問句：「問君還有幾春秋？」

　　這句俗語說的是，古代漢人社會的情況；現在台灣人的壽命已經突破「古稀」了。按內政部公佈的，1994年，台灣男性平均爲71.61歲，女性77.52歲(《中央日報》1994(11.27):7)。同年，台灣100歲以上的人瑞共有389位；最長壽的，是台北縣的朱陳笑老女士，有115歲。(《自立周報》1994(10,14):10)

【37】

山中猶有千年樹，世上難逢百歲人。

San-tiong iu-iú chhen-len-sū,

sé-siōng lan-hông pek-soé-jîn.

深山裡還有千年老樹，但世上難得遇見百歲的老人。

　　語見《增廣賢文》。

　　表面是說，上壽的人少；裡面是說，生命有限，務須善用光陰。

【38】

莫笑他人老，終須還到我。

Bo̍k chhiàu tha-jin ló, chiong-su hoan-tó ngó·.

不可譏笑別人老，總會輪到我。

　　勸戒年青人要尊重老人，理由是：當「老歲仔」的機會均等。⓬語見《增廣賢文》。在《格言諺語》收有類似的句子：「少年休笑白頭翁，花開能有幾時紅？」

　　我們必須知道，台灣的人口結構老化很快，1994年每100個人口中就有7.37%個六十五歲以的上的老人，人口老化的指數是30.2%，這已經是聯合國界定的高齡化社會了。(《中央日報》1995(5.4):7)

　　可見，「老」已經不僅是個人的難題，或是宗教上「老死」的關懷主題，而是嚴肅、沉重的台灣社會問題了。但是，我們還沒聽說過有什麼解決的善策呢！台灣的有力人士，是否也應該想一想，老人的社會福利？總是喊「莫笑他人老，」是太消極了！

【39】

七十無拍，八十無罵。

Chhit-cha̍p bo-phah, peh-cha̍p bo-mē.

不可打罵七、八十歲的老人家。

　　用來勸戒，要敬重、体恤老人，原諒、容忍他們的過錯。類似這句俗語所要教導的，古以色列人的「法律」有言：「在白髮的人面前，你要站起來，也要尊敬老人。」(《聖經‧利未記》19:32)

　　打罵老人是難以想像的事，就是他們犯了刑案，也不是這般

對待的。因此，這句俗語解讀成「尊重老人、保護老人」的話，才有現代意義可言。這樣講，敬老恤老已經不是個人修養的概念，而是要具體施行在養老的措施上面的。孟子「老吾老，以及人之老；幼吾幼，以及人之幼」(《孟子‧梁惠王上》)的理想，豈是當口號來敷衍的？但我們覺得奇怪的是，為甚麼在東亞所謂的儒家文化圈，高談「敬老孝親」的社會，安老育幼的「社會事業」，卻是那麼有目共睹的非常不發達？假設他們的家庭功能健全，家家都有賢孝的子孫來奉養，難道他們的社會就沒有無家照顧，無家可歸的老幼嗎？我在想，要是孟聖人看到儒家社會的這般現況，將會有什麼開示？

注釋

1. 安若玉山[giok-san]：義同「安若泰山」。玉山，在我國的嘉義、高雄、南投的交界處，是東南亞最高的山峰，有3950公尺。二十年前，筆者和台南神學院二十多位同學，登玉山，看日出，此情此景，至今猶常夢見。

2. 韓愈的「落齒」，全詩有三十六行，我們只抄引這幾行以供參考。詳見，東萊先生《古詩一日一首：秋》(台北：名人出版社，1978)，頁435-441。

3. 卡有擋頭[khah-ū tóng-thaû]：忍耐刺激、折磨、耗損的程度較高的人或物。

4. 老先覺[laū-sen-kak]：先知先覺之老者。平常是指「心思精明、手段高超的人」。老先覺，不一定是老人，中年以後之合格者，均可尊稱之。如果，少年家被稱爲老先覺的話，問題就變得太複雜了。

5. 紅甘蔗[ang-kam-chià]：皮深紅茄色，木質鬆短而脆，汁甜又多，是市面上用來榨甘蔗汁的那種；另有「白甘蔗」，是供製糖的。

6. 孤老[ko-laú]：性情孤癖，不願意，也不習慣和人接觸的人。

7. 古錐[kó-chui]：專用來形容小孩可愛的樣態。

8. 陳修《台灣話大詞典》，頁1078。

9. 中醫研究院等編《中醫名詞術語選釋》，頁375。

10. 轉引自，吳心柳「不快樂的老人」《聯合報》，1994(1.27):4。

11. 古原是漢武帝的御花園，原稱「樂游原」，所以詩中稱為古原。

12. 老歲仔[laū-hoé-á]：老人也。「老歲仔」是陋詞，文一點的是「老人」或「老大人」。至於說成「老廢仔」的，則是「無人教示」的蠻人了。

生涯境遇

第三章

第一節　貧富之間的深淵

本節分段：

生活困苦 01-22　缺欠空乏 23-38　心志衰弱 39-47
不被接受 48-53　錢財豐富 54-58　生活爽適 59-63
貧富之間 64-77

【01】

鹿，食火灰。

Lȯk, chiȧh hoé-hu.

鹿吃灰粉。

　　用來譏刺窮人過著缺乏、艱難的生活。窮人和火燒鹿，眞是同病相憐！

　　火灰：物体燃燒後，所剩下的粉屑。

　　水和草是台灣鹿的主要食物，爲甚麼牠竟然吃起「火灰」來了？最大的可能性是火燒山！劫後，食物燒盡，牠只好向灰求食了。火燒山的原因，有天然的，有盜砍木材湮滅證據的火燒森林等等。我們要爲台灣的野鹿禱告，願牠們永遠有清潔的澗水可喝，永遠有翠綠的草原可棲息。

【02】

猴精，照日。

Kau-chiaⁿ, chió-jit.

猴子照日取暖。

　　用來取笑窮人，無衣遮体，只得藉著曬太陽來取暖。此語，

把抖擻龜縮著身體來曝日的窮人的形像,比喻做照日的猴子,雖然比擬得有幾分像,但總覺得如此譏刺,實在是太過份了!

近年來,我們所得到的警告是,少曬太陽!因為臭氧層有了破洞,保護不了紫外線的傷害;豐富的,炎炎的陽光,變成了潛在的殺手!慘哉,今之貧民,連當「猴精」的機會也被資本家的工業污染剝削了!不過,反觀那些富婆少奶,卻經常花錢去換得一身太陽燈烤的豬肝色焦皮,好來炫耀她戶外運動夠,太陽光曬得足!世上矛盾、可笑之事,尤有甚於此者?

【03】

瘦狗,抓沙。

San-kaú, jiáu-soa.

瘦狗抓沙以求食。

用來諷刺窮人掙扎著賺錢,而又不可得的可憐像。

抓沙:抓沙不是台灣土狗覓食的方法,而是牠的衛生特技。

筆者在晨間散步時,幾乎每次都要碰見帶出來蹓躂的德國狼犬,也幾乎每次都被迫來鑑賞牠們大大方方的解放,但是從來沒看過牠們有抓沙的能耐!先人動用如此犬技狗德,來諷刺窮漢的掙扎,實在是刻薄得太離譜了!

【04】

枵雞,筅壁脚。

Iau-ke, chhéng piah-kha.

飢餓的雞在牆壁基處搔土求食。

比喻窮人,掙扎著要賺錢維持生活,而又一無所獲。

昔日台灣土雞抓食的地方是垃圾堆,因為其中混雜著可吃的

碎物、昆蟲等等。但是牆脚處乾硬無物，豈是土雞覓食的地方？
這句俗語眞是徹底地形容了窮人日常生活的苦楚。

【05】

隨人收，隨人食。

Toé-lang siu, toé-lang chiah.

跟在農人後頭撿取遺落的農產物爲生。

　　用來諷刺窮苦人家，以拾餘爲生。

　　「隨人收」的實際情形是這樣的：台灣的農夫割稻打穀後，稻稿綑成總[cháng]立在田中，這時常有貧窮的鄰人來撿取留在稻總上，或遺落在稻田上的稻穗，此謂之「扱稻仔」。若是收蕃藷，在農家犁開蕃藷陵，撿收蕃藷過後，就不再回頭翻撿，也常有窮人跟在後面尋拾遺下的蕃藷，這便是「扱蕃藷」。還有「扱魚」，乃是漁家洘乾池水，撿魚過後，公開給觀衆入池摸撿漏網之魚。這些拾穗、拾藷、拾魚等等，就是「隨人收」。台灣農村的窮人或勤勞的小孩，都有「隨人收」的機會。筆者少時好玩，曾隨衆滑入魚池摸過一次魚，那種翻滾在泥漿大池的歡樂，用盡辦法而又挾不住泥鰍、鱔魚的興奮緊張的場面，在半世紀後，尤仍夢見！隨人食：依靠拾餘爲生，雖字面上是跟著人家吃飯。

【06】

逐三頓，食無飯。

Jiok san-tǹg, chiah bo-pn̄g.

三餐無著。

　　這可能是營業失利者，或是賤價勞動工人的哀嘆。

　　逐三頓：追趕三餐；意思是，工作繁重緊張，爲的是要賺得三餐。

食無飯：難以糊口。

【07】

三頓前，二頓後。

Saⁿ-tńg chêng, nng-tńg aū.

三餐不定。

　　用來自嘲生活艱難，工作繁忙不定，以至於不能按餐頓吃飯。

【08】

三碗飯，二碗菜湯。

Saⁿ-oáⁿ pn̄g, nng-oáⁿ chhaí-thng.

三碗米飯配二碗菜湯。

　　用指生活清苦，飲食簡單。

　　三碗飯：吳瀛濤解釋做：「三碗飯（音諧「相依傍」，相依爲命）。恩愛夫妻。」❶顯然，這對恩愛夫妻吃得很清的，他們食無魚，也無肉，只有二碗菜湯「佐膳」。

【09】

要買菜，抵著掘菜股。

Beh bé-chhaì, tú-tioh ku̍t chhaí-kó͘.

農家在整地，買不到蔬菜。

　　用來諷刺窮人，沒有錢買菜來招待客人。下列三句的用法和意思都類似。

　　抵著：遇到。掘菜股：整理小區菜圃，預備種菜。

【10】

要買魚，抵著風颱。

Beh bé-hî, tú-tioh hong-thai.

颱風，買不到魚。

用法類似上一句。這句俗語是說，窮人沒有錢買魚，只好用颱風來襲，沒人賣魚為藉口來掩飾窮困。

台灣人在家裡，最起碼的「請人客」要包含：飯、湯、菜、魚、豬肉。稍為腥臊的❷，就要炒米粉，刣精牲仔。❸

【11】

要買肉, 抵著禁屠。

Beh bé-bah, tú-tio̍h kím-tô.

禁屠，買不到肉。

用法類似上面二句。

禁屠：每月初三和十七是禁屠日，乃是屠宰業的公休日。據悉，公家禁屠之日，就是私宰大開殺戒之時。可見，只要有錢，在台灣是不怕買不到豬肉的。

【12】

刣雞, 雞仔細。

Thai-ke, ke-á sè.

雞小，上不了桌。

上面四句俗語，給死愛面子的窮先人徹底的諷刺。生動、酸楚地描畫了他們無所不用其極地找藉口，用淒涼的幽默來消遣他們是如何無能地要敷衍尷尬的場面。讀來實在令人感到哀痛悲憐！我在想，難道不能祭出「誠意，食水嘛甜」的「傳統美德」，而大膽的用糊醬簞食來表示歡迎！難道不行嗎？不過，可憐的面子主義的信徒，是萬萬不敢的！

【13】

一碗食，一碗蓋。

Chi̍t-oáⁿ chia̍h, chi̍t-oáⁿ khàm.

遮住飯碗吃飯。

用來形容窮人吃飯的情形。為甚麼要遮住飯碗吃飯呢？乃是要掩蓋粗劣的飯菜，不願被人看見，以免丟臉。

看到這句俗語，筆者聯想到四十年代，身為通學生時期，正是一開一蓋地吃著便當的。這種吃法，不是為了衛生，而正是要避免彼此比較「便當菜」的好壞！

我蓋過的秘密是：清早五時，阿母現煮的蓬萊米飯，有時是特煮的紅蕃藷簽飯。便當菜常是二葷一素，常帶的有最愛吃的荷包鴨蛋，或炒四剖魚脯，或煎虱目魚，或滷肉、或雞腿，或大蒜炒罋菜，或炒刨白筍絲，或青炒雨連豆，或姊姊做的魚鬆，或肉鬆。飯裡總是埋著一二粒芳梅，鋪著二三片東洋漬物。這四十年多來，每次回想到六十多歲的阿母，給我做的便當，總要滴下一滴又一滴的熱淚，也得嚥下一口又一口的口水。

我不知道現代台灣的通學生，是否還能夠享受到媽媽做的便當？吃便當時，是否一吃一蓋的？但願麥當勞、肯特基、路邊攤，大包小包塑膠裝，冷的熱的速食物，不至於毀滅那蘊藏著關愛、期許、慈愛的「阿母做的便當」才好！

【14】

豆豉粕，咬做旁。

Taū-sīⁿ-phoh, kā chó-pêng.

一口飯，也只能配半粒豆豉。

　　用法有二：一、形容非常貧窮，幾乎吃不起最便宜的佐餐之物。二、比喻生活極端的節儉，連豆豉也務必咬半而食。

　　豆豉粕：黃豆或黑豆榨油後，將其糟粕鹽漬而成的配料，其味鹹而甘，可用來煮魚炒肉。五十年代以前，豆豉是「粗俗」的東西，一般的窮人用來配泔糜。旁：半也。

【15】

食泔糜，　配菜脯。

Chiàh ám-moê, phoé chhaí-pó.

吃稀飯，佐以鹹蘿蔔乾。

　　用來喻指窮人家，生活艱難。

　　泔糜：稀飯。一般的台灣人，正餐不吃泔糜，除非是生病。而宵夜吃蕃藷籤糜，配精製的菜脯，是近年來有閒階級的一種享受，不是貧民吃得起的！菜脯：重鹽漬成的蘿蔔乾，是舊時窮人佐餐之物，如俗語所說的：「翁仔某無相棄嫌，菜脯根罔咬鹹。」❹

　　附帶一提，進入二十一世紀的台灣菜脯，已經大大地出頭天了！靈精的台灣人，改良了傳統死鹹菜脯的「體質」和「姿態」，精製又精裝，搖身一變爲外銷日本的「糖果」。它吃起來軟而脆，咬感極佳；味道清香，甜鹹天成，入口成津，餘香久久不散。台灣菜脯啊！妳身價萬倍，驕傲地增添著祖國的外匯存底！

【16】

柴空，　米糧盡。

Chhâ khang, bí-niû chīn.

家無柴米。

　　用來形容窮人家的貧乏情形，正如敗軍之彈盡援絕。

　　農業時期的台灣，就是普通家庭也都有餘糧餘薪，大戶人家

則有積穀的「車輾笨」❺和儲藏燃料的「柴間」。如果，落到家裡柴空米盡的話，已經是非常落魄，非常可憐的了。

【17】

米甕，　敲銅鐘。

Bí-àng, khá-tang-cheng.

米甕空似鐘。

窮人家用來自嘲，米糧已盡，米甕做空具響了。

米甕：盛米的石榴狀陶器，小米甕的容積不超過一斗米。

【18】

米甕弄鐃，　鼎吊上壁。

Bí-àng lāng-laû, tiáⁿ tiáu-chiūⁿ-piah.

米甕供道士玩弄，寒鼎任破壁懸吊。

用來形容貧寒的慘況：米甕不務正業，鼎也作壁上觀。

弄鐃：舊時比較富裕的喪家，請和尚道士為死者唸經做「功德」之外，又有「弄鐃」，乃是由身懷特技的道士表演，如吞劍吐火、鐃鈸飛舞、碗碟飛空、牙舉八仙桌，等等節目。主要的目的是要慰問亡靈，並向世人展示孝思。

【19】

飯籬吊韆鞦，　鼎蓋水內泅。

Pn̄g-lē tiáu chhen-chhiu, tiaⁿ-koà chuí-laī siû.

飯籬閒吊著，鼎蓋蓋著清水。

用法類似上一句，是說斷炊久矣！飯籬和鼎蓋，都變成廢物。

飯籬吊韆鞦：飯籬，做乾飯時，濾米湯的器具。飯籬通常是吊在廚間，靠灶的上方，因無米可炊，就如鞦韆一般地空盪著。鼎蓋水內

泅：鼎蓋沒有米飯可蓋，閑浮在一鍋鼎的水面上。

　　這句俗語用了舊時農家最平常的炊俱，做了非常生動又凄涼的形像描寫，畫活了窮人的一幅苦像。在台灣七十年代以前的生活史上，這是非常寫實的、普遍的現象。

【20】

破厝漏鼎，　苦死某囝。

Phoà-chhù laū-tiáⁿ, khó͘-sí bó͘-kiáⁿ.

破窯苦妻兒。

　　用法類似上一句，白描貧寒家庭的苦境。

　　破厝漏鼎：即是破屋破鼎，乃是窮人的居處和炊俱的特色。

　　沒有經驗過「破厝漏鼎」之苦的人，也許較難體會飽暖安居的幸福。身經困乏的杜甫，可能住過「破厝」，於是能夠將其哀情昇華做悲憫的宏願：「安得廣廈千萬間，大庇天下寒士俱歡顏，風雨不動安如山。」（「茅屋爲秋風所破歌」）。詩人的眞情，實在令人感動呀！

【21】

某囝，　著寄人飼。

Bó͘-kiáⁿ tio̍h kiá-lang chhī.

養不起妻兒。

　　用來諷刺落魄的人，也可用來教訓遊手好閑的子侄小輩。這句俗語是比喻窮漢的苦境。

　　寄人飼：字面是，寄養於人；函義是，妻離子散。

【22】

過年卡快，　過日卡奧。

Koé-nî khah-khoài, koé-jit khah-oh.

過年較容易，過平常的日子卻很困難。

　　窮人用來自嘲，眞象是：貧民要過個像樣的年不容易，但要渡過漫長的365個日子更加困難。

　　過年：通常是指除夕夜到新年初五，這幾天的民俗節日。卡：較也；較的借音字，是近年來通行的台灣漢字。

【23】

乞食婆，也無空厝間。

Khit-chiah-pô, iā-bo khang chhú-keng.

老丐婦，也多少有些家當。

　　用來譏笑窮人家裡沒有什麼價值的東西，堆積的儘是一些破爛。這是用反諷爲修辭格構成的俗語。

　　乞食婆：老女丐，此處泛指「超級貧民」。空厝間：空屋。

【24】

橐袋仔，袋磅籽。

Lak-te-á, tē pōng chí.

袋裡沒錢。

　　用法有二：一是用來自嘲，說現在袋子裡沒有錢。二是戲謔地表示，要同伴代爲付錢，或「請客」。這是一句語義雙關的俏皮話(pun)，用袋子裡裝的是爆物成空的磅子，來說袋裡空空如也。

　　橐袋仔：衣、褲的袋子。袋：當動詞，意思是裝、盛。磅籽：炸藥，另義秤錘。袋磅籽：袋子裡沒有錢。衣、褲的袋子，那裡是裝炸藥的？

【25】

身軀，斷錢銹。

Seng-khu, tīg chiⁿ-sen.

身無分文。

　　用來自嘲，一貧如洗。

　　斷錢銹：連小銅錢的銅銹都絕緣了！比喻窮得不得了。

【26】

雙手，兩片薑。

Siang-chhiú, nn̄g-phíⁿ-kiuⁿ.

手無餘物。

　　用來譏刺貧人的窮狀，或窮人用來自嘲。

　　兩片薑：指二片手掌。雙手僅有的是空掌，握無他物，比喻窮極

了。

【27】

雙脚，挾一個卵脬。

Siang-kha, giȧp chi̍t-liȧp lān-pha.

身無長物。

　　用來恥笑窮漢，譏刺他除了那個「命根子」之外，身無長物。

　　卵脬：陰囊。

【28】

好額到，獪得落樓梯。

Ho-giȧh kah, bē-lō lau-thui.

富得下不了台。

　　用來諷刺人家，高居債臺，下不了臺來見人。是一句反諷的

修辭格的俗語。

　　好額：富有。到[kah]：到了某一種程度，例如，「戇到，獪曉爬

癢。」坊間有用做「佮」或「甲」的。

【29】

賣囝無囝名，賣田無田通行。

Bē-kiáⁿ bo-kiáⁿ miâ, bē-chhân bo-chhân thang-kiâⁿ.

無子無產，什麼都賣了。

　　用來自嘲，該是潦倒者的哀嘆。

　　無囝名：成爲無子之人。無田通行：無田可耕；通，可也；行，指耕作，看管。

【30】

田無一區，海無一株。

Chhân bô chit-khu, haí bô chit-tu.

家無產業。

　　用來自嘲，可能是出賣勞力者的窮漢的哀嘆。

　　田：主要是指稻田，乃是台灣農民的重要財產。海無一株：無份於漁撈；株，股份也。竹排、小船、魚網等漁撈器具，不是小漁民獨資可購置者，通常是合股而爲的。

【31】

戴一個天，踏一個地。

Tí chit-e thiⁿ, tah chit-e tē.

一無所有。

　　瀟灑的窮人的自嘲。窮人沒有私有的東西，有的是天地自然。

【32】

脚踏人的地，頭戴人的天。

Kha tah lang-e tē, thaû tí lang-e thiⁿ.

寄生於別人的世界。

　　用法有二：一是窮人用來自嘲自怨，身無長物，連天地自然都是別人的。二是亡國奴的哀怨，被昏君出賣，只得偷生在異姓他國的天下；據說，這是明朝難民的怨嘆，他們嘴巴唸著，反清復明，夢想再踏明地，再戴明天。

　　人的地……人的天：別國的土地、領域、主權。

　　這句俗語的陰魂特強，近半世紀以來作祟在國府那一班人身上，使他們的嘴巴先是喊著要「反攻大陸」，要「還我河山」，最近又叫著要「三民主義統一中國」。顯然，他們把臺灣看成是「別人的地，別人的天」，臺灣是吸取膏脂的羔羊，寄寓的所在，「回歸中國」的跳板。

　　這句俗語的陰魂，也照樣祟亂著歸化成世界各國公民的臺灣人，使他們傚尤國府的心態，無心或無能（？）認同他們實際生活，吸取利益的新國家。當然，愛故鄉是人情，應該讚揚！但是不能把關愛故鄉的情感，和公民責任混淆或顛倒啊！也許，調整「認同的優先性」時，心裡將有矛盾，甚至覺得痛苦。

【33】

伸手，碰著壁。

Chhun-chhiú, pōng-tio̍h piah.

家徒四壁。

　　用來自嘲，貧寒缺乏。

　　這句俗語白描出貧民的苦境。試想，手一張開，接觸到的是冰冷的牆壁，爲甚麼？小屋空蕩無物也。

【34】

有路，無厝。

Ū-lō͘, bo-chhù.

無家可歸。

用來諷刺那到處流浪的「羅漢脚」。

有路：有流浪的去處。無厝：無家。

【35】

割喉，無血。

Koah-aû, bo-hoeh.

就是刎頸，已無鮮血可流。

用來自嘲，窮乏至極。難道世上「哀窮」的諺語，還有比這句更慘烈的嗎？

割……無血：活人爲甚麼會割無血呢？不論如何貧血，都不致於如此的。最大的可能性是：在自刎之前，連最後的一滴血，都已經被吸乾了。

這句俗語所要指出的，不僅是個人生活史上的窮乏，而且是台灣人民在歷史上遭遇到的苦楚。例如，荷蘭據臺時的重稅，明鄭沿襲荷人稅法，而又加多了許多名目的重課，繼之各個外來政府統制搾取，又有民間惡霸「放重利」給貧民的剝削。總之，歷朝酷政對人民徵課是萬萬稅的，對本島搶奪的是人民生存的資源。此情此景，人民怎麼沒有「割喉，無血」的哀嘆呢？

【36】

鳥鼠尾，促無膿。

Niau-chhi-boé, chek bo-lâng.

老鼠的尾巴，擠不出膿血來。

用來譏刺窮人沒有錢，正如老鼠尾巴之沒有化膿的餘地。

鳥鼠：老鼠也。陳冠學有考，他的見解是：古語不分鳥與鼠，鼠也叫做鳥。故台語說「鼠」時，還加上「鳥」字，複稱爲「鳥鼠」，官話訛成「老鼠」。❻

【37】

病無藥，死無草蓆。

Pīⁿ bo-ioh, sí bo-chhau-chhioh.

病了沒錢買藥，死了連裹屍的草蓆也沒有。

窮苦人用來自哀自怨。這是一句白描，畫出了一幅窮苦人，病與死的慘狀。

病無藥：沒有錢看醫生、買藥，不是沒有醫藥。死無草蓆：舊時沒有人認領的「路旁屍」❼，常用草蓆蓋住，然後又用它裹屍掩埋。不過，通常都有地方的善士施捨薄棺，讓路旁屍得以入土爲安。如果連掩屍的草蓆都沒有，眞是悲慘至極了。

我們讀到明儒黃宗羲(1610-1695)有下葬不用棺槨的遺囑，說是用以表示亡國的隱痛。❽這該算是一種莊嚴的「示威」吧！在他的世代裡是很難得的，不過，若能兼含爲那些「病無藥，死無草蓆」的人來抗議的用意，則更加難得，更加偉大。

【38】

卡散死人。

Khah-sán sí-lâng.

比死人還窮。

用在譏刺，可能是難忍窮苦的婦人，對她窮漢的怨言吧！

散[sàn]：貧、窮。

【39】

雁叫一聲, 散人著一驚。

Gān kió-chit-sia^n, sán-lâng tioh-chit-kia^n.

一聲雁叫，窮人一陣驚慌。

用來描述貧民的不安心理。

這句俗語「一聲……一驚」的句式漂亮：雁之「聲」在外、在音，人之「驚」在內、在心，眞是美妙絕對；又用鼻音[a^n]爲脚韻，造成濃厚憂悶鬱卒的氣氛。

這句話有相當凄涼的背景：深秋之時，一群群的雁子即將飛去避寒，臨別溫暖已盡的臺灣寶島，戀戀不捨地發出[Koâ^n! Koâ^n! Koâ^n!]的陣陣悲鳴。牠們這一叫，使無衣保暖，無屋避寒，無錢溫飽的窮漢，驚覺到那挨餓受凍的嚴冬又要到來，心神不由自主地和凄楚的秋雁共鳴著：一聲一驚！一聲一驚！

著：(心身)受到、感到(傷害等等)，如：著驚、著傷、著鎗、著鏢、著猴，等等。❾

【40】

紅柿出頭, 羅漢脚目屎流。

Ang-khī chhut-thâu, lô-hán-kha bak-saí laû.

紅柿子上市之時，也是流浪漢開始哭泣之日。

用來描述羅漢脚的心理焦慮。

這句俗語的背景：到了晚秋，也是紅柿子上市的時候了。臺灣的天氣開始變冷，強烈的「九降風」❿，進行著冷卻大地的工程。這時候羅漢脚們看到了水果攤擺滿了熟的生的紅柿，見景傷情，忽然驚覺寒冬將到，不由得想到自己凄涼的境遇，眞不知道有什

麼辦法來渡過這一季嚴冬，無能感鬆懈了羅漢脚一向的堅持，不禁淌下了一滴滴的眼淚。

　　紅柿：柿的花果期在九至十月。紅軟的柿子，其甘如蜜。果農採收青柿，置於器具中，用電石催其紅熟，或任其自然熟透。出頭：物產上市。羅漢脚：指單身、貧困、到處流浪的男人；現代語該是「單身寒族」吧？

　　上面這二句俗語，反映了生命的存在焦慮所積成深重的哀愁。對照黃庭堅的感傷：「人到愁來無處會，不關情處總傷心」(《和陳君儀讀太眞外傳》)的話，未免令我們懷疑這位文人的愁思，是太便宜了？「紅柿出頭，羅漢脚目屎流」是實存的焦慮啊！

【41】
枵狗呣驚箠，　枵人無惜面皮。
Iau-káu m̄-kiaⁿ chhôe, iau-lâng bo-sioh bīn-phôe.
餓狗不怕打，饑漢不顧恥辱。

　　常用來諷刺貧窮的人。這是說，狗和人在饑餓的煎熬下，採取了「非常手段」以求得一飽，顧不得被打，被侮辱的痛苦和恥辱。

　　箠：槓狗箠也；昔日農家，門後常備有數枝枵杖，用來擊打、驅逐入侵搶吃的狗。面皮：面子，廉恥也。

　　古以色列人有這麼一句諺語：「賊因飢餓偷竊充飢，人不藐視他。」(《聖經‧箴言》6:30)若將之對照本句俗語，未免覺得臺灣人眞是如假包換的面皮主義的信徒。何以見得？君不見，連枵人非常措施的求飽，還得接受「面皮」的檢驗！在這一點上看，以色列人是比較不惜面皮的了!?不過，卻好像比較「實在」些！

【42】

枵雞呣惜箠，枵人無惜面皮。

Iau-ke m̄-sioh chhoê, iau-lâng bo-sioh bīn-phoê.

用法和意思類似上一句。

雞箠：約五、六、尺長的竹竿，末端破叉，拍地有響聲，好用來驚嚇偷吃五穀的家禽。

飢餓的禽獸冒打求飽，飢餓的人不顧廉恥求生，是令人萬分痛心的事，對於動物，對於人，都是很殘忍的！假如一個社會淪落到迫使飢餓的人，出賣尊嚴才能偷生，那麼這個社會，還有什麼「面皮」來批判他們呢？就此而言，管子的「倉庫實，知禮節；國多財，遠者來；衣食足，知榮辱，」(《意林》)比「失節事大，餓死事小」的教條，更具社會倫理的意義。

但另一方面，世上偏偏有「飽人」，為著真正的「面皮」，人的尊嚴，國家的前途，甘願變成「枵人呣惜箠」。他們不怕鎮暴部隊擊打，不怕牢獄拘禁，用枵，用餓，用生命，來支持真理，爭取公義，喚起全體人民覺醒，制止專制政權的倒行逆施。這樣的絕食抗爭的英雄如雲，外國不乏其例，我國有施明德、林義雄、高俊明，有老、中、青、幼，千百男人女人，剛亮的節操，尊貴的人性，由之顯揚無遺！

【43】

牛瘦無力，人散白賊。

Gû sán bo-la̍t, lâng sàn pe̍h-chha̍t.

瘦馬沒有力氣，窮人會撒謊。

用來譏刺窮人，沒有志氣，會騙人。

散：散鄉[sán-hiong]，貧窮也。白賊：撒謊、欺騙。

應該提出來的是，這句俗語用「瘦牛」乏力，來類比「窮人」白賊，是不妥當的，其間沒有類似點可以比擬。然而，臺灣的老文化是相當不信任窮人的，如《增廣昔時賢文》所說的：「有錢道眞語，無錢語不眞。」──有錢人不論講什麼話，都是眞的；沒有錢的人講眞話，也都是假的。豈有此理！眞是欺人太甚！

舊社會，窮人總是蒙冤的族群。其實，極大部分窮人不但沒有講「白賊」的能力和機會，而且幾乎都是安分守己，忍苦耐勞的善良百姓。勿庸贅言，世上最嚴重，最可惡的白賊，是獨裁者及其黨徒的謊言和倒行逆施了；國家的滅亡，人民的苦難，莫不是白賊政府造成的惡果。誠實是全體的靈魂和規範──不分貧富，不論人民或政府。

【44】

錢無，人著軟趖。

Chîⁿ bô, lâng tióh nńg-sô.

人窮則心身疲軟。

窮人用來自諷自嘲，是相當寫實的一句俗語。

軟趖：身體疲倦，行動散慢，心神鬱卒，毫無生氣，像漏盡了氣的老破皮球。趖，慢慢爬行，如大雨過後，坵蚓爬出洞門的那種動作。

【45】

人窮志短，馬瘦毛長。

Jîn kêng chì-toán, má só͘ mô͘-tiông.

貧窮磨掉了人的志氣，瘦弱的馬卻長了一身多餘的長毛。

用來斷言，窮人是有自卑感的。語見，唐、張鷟：「人貧則志

短，馬瘦則毛長。」(《朝野僉載》)又見《五燈會元》。

　　從結構上看，這是一句同義對比的俗語，「窮人」的短志比「瘦馬」的長毛，真是對得巧妙，也對出了人和馬的可憐像。原來，人所需要的是創造事功的雄志，而駿馬要的是透汗的短毛。這句俗語的型式，可比對「人貧志短，福至心靈。」(→31.70)

【46】

瘦肉，濟筋。

Sán-bah, chē kin.

瘦肉筋多。

　　用來諷刺，說窮人多憂多慮。

　　瘦肉：肌肉鮮薄又無脂層，看到的多是凸起的筋絡。以「瘦肉」譬喻窮人，以其「多筋」來喻指他心裡深處，有好多憂慮。這實在是一句非常銳利，尖刻傷人的俗語！附帶一提：台灣人所認定的理想肉材是「三層肉」，五花肉，因其脂肉和赤肉的層次比例恰到好處，肉質不油膩，不乾澀，咬感好，滋味讚。

　　這句俗語雖是諷刺的話，但卻是很「實在」。她點出傳統道德教訓，「寧可清貧，不可濁富」的違心之處。姑不論濁富的是非，但清楚可知的，用「清」來形容窮人是相當沒有意義的，例如，說他清心嗎？不見得，筋多得很！說他清廉嗎？不一定，還沒有機會貪污！說他清醒嗎？不好說，人都窮得惡性腦貧血了，還能清醒!?

【47】

貧窮，起盜心。

Pîn-kêng, khí tō-sim.

窮苦誘發偷盜的意圖。

用做警語，可能是窮秀才，自我警惕，日夜自勉的話。語見《格言諺語》：「飽暖，思淫慾；貧窮，起盜心。」

顯然，這句諺語對於貧民窮漢有嚴重的偏見，因為窮困和偷盜的意圖沒有因果關係，更沒有必然關聯，雖然我們不可否認，貧窮的地方竊盜等犯罪案件比富足的地方為多。其實，貧窮會不會起盜心，會不會當小賊強盜，乃是關係個人的基本信仰，或所謂的品格修養；人就是有如孔夫子所說的：「君子固窮，小人窮斯濫矣！」(《論語‧衛靈公》)或劉向說所了解的：「卑賤貧窮，非士之恥也。」(《說苑‧立節》)。於是，歷史上不乏餓死也不偷吃的聖人，更遑論起什麼盜心了。

然而，這句俗語應該還有一層，超倫理的奧義：我以為那就是對酷政的嚴厲批判！因為，從社會學的觀點看來，人民餓死事大，盜心失節事小。當知，現代世界，造成貧窮的主要原因，通常是歪膏政府貪污腐敗，虛謊的主義騙人，特權階級壟斷經濟資本，政權金權勾結盜取人民共同資源。請問，現代的大盜大偷，豈是窮漢幹得了的？貧窮起的療飢止渴的盜心，貧民做的偷雞摸狗的行為，真是小「客士」(case)啦！

【48】

瘦蟳，相挾。

Sán-chîm, sio giáp.

弱小的螃蟹，互相扶持。

富人用來諷刺貧民，或者貧友用來自嘲彼此之無能互助。這句俗語是用瘦蟳間之無助，來類比窮朋友只能幫倒忙。修辭格是採取反諷的。

　　瘦蟳：沒有膏黃的螃蟹，喻指窮人。相挾：原指蟹以鉗相夾，引伸爲扶持、贊助。

【49】

瘦牛，相挨。

Sán-gû, sio e.

瘦弱的牛，互相挨磨。

　　用法和意思類似上一句。

　　相挨：推，推託；指缺乏通財之力，倒不是窮人沒有通財之義。

　　上面這二句俗語，道出「倆人俱溺，不能相拯」(《淮南子·説山訓》)的部分事實。不過，我們很懷疑貧民間的缺乏，能妥當地類比做「俱溺」。貧民同心互助，難道無益於救助嗎？我們知道，台灣的個人有相愛相助的實際；但不知道，在台灣歷史的大災難中，有沒有互助救溺過的記錄，所聽過、領敎過的，大多是所謂的「日頭赤炎炎，隨人顧性命」和「台灣人放尿攪沙獪做堆」的冷言冷語！⓫「瘦牛，相挨」，實在是無可奈何的事；不過，現代台灣「壯牛」處處，應該能夠「相拯」才是！

【50】

無錢，人上驚。

Bo-chîⁿ, lâng siōng-kiaⁿ.

人最怕的是，沒有錢的人。

　　窮人用來自嘲。一語道盡，窮人艱苦無助的根本原因。

　　古以色列人的格言也有類似的話：「財物使朋友增多，但窮人朋友遠離。」(《聖經·箴言》19:4)

　　無錢：是「無錢的人」的簡句。人上驚：最被人忌嫌。人，指他人、

世上所有的人，包含自己。上：最也。驚：忌嫌也。

　　台灣文化中最被忌嫌的人是窮人，而傳統所謂什麼「下流」的人物，只要有錢，也都自動的上流了起來！君不聞，「有錢烏龜坐大廳，無錢秀才人人驚」嗎？❷君不見，黑社會「大老」的殯禮，除了沒有國旗覆棺之外，其派頭之粗，場面之大，「哀榮」之極，有什麼不像國家元首的!?

【51】

散人無富親，瘦牛相碰身。

Sán-lâng bo pú-chhin, sán-gû sio pōng-sin.

人窮沒有富親，牛瘦只有瘦牛伴。

　　窮人用來自嘲，哀嘆彼此間的無能相助。

　　瘦牛相碰身：吳瀛濤解釋得很好，也很實在：「窮人偏偏有些窮友來找麻煩。」❸

　　窮人有窮友，沒有富親，是很自然的事，因為人仍然是按「階級」類聚的。此外，貧富彼此的疏遠，不僅是生活程度和方式殊異難合，而且橫隔著不同意識、觀念、思想的深淵。此所以，那些要獻身成為窮人的朋友的，都必要有大悲、大智、大勇、大喜捨的心，來橫渡此一深淵，來出錢、出力，甚至出命，來關懷幫助，才能夠使苦難的所在開放著慈悲的蓮花，罪惡的地方彰顯著救贖的十字架。人間的此一光明面，應能夠感動窮人，奮興窮友，不要老是停留在「瘦牛相碰身」的哭窮叫苦，而要積極的尋求互助自立的可能性才好。

【52】

清面，煦人燒尻川。

Chhín-bîn, ú-lang sio-kha-chhng.

冰冷的臉，親炙人家溫暖的屁股。

　　用法有三：一、窮人自嘲，也是受到富人屈辱的哀嘆。二、用在窮人間的互相挖苦，譏刺百般奉承，討好富人者。三、可能是驕傲的富人，用來諷刺那些想盡辦法要來高攀的窮人。

　　清面：冰冷的面，喻指貧寒的人。清，冷也。炙：接近、親炙，指討好。尻川：屁股也。燒尻川：溫暖的屁股；貶義的，喻指富人。

　　初看這句俗語，但覺得它的形像描述非常粗鄙，對散鄉人的譏刺銳利徹底，心內未免忿忿難安。過後，頗覺得心疼，覺察到這聽來粗陋刻薄的譬喻，並不是純粹出於先人奇怪的想像，也不是冷眼觀察的心得，而是他們親身奉承過有錢人，遭受到冷落，經驗到屈辱的怨歎！

【53】

散人想欲富，閣添三年窮。

Sán-lâng siūⁿ beh-pù, koh-thiⁿ saⁿ-ni kêng.

窮漢一想要富有，就再加添三年窮苦。

　　為富不仁者，用來譏刺努力改善現況的窮人；也可能是，命相家危言聳聽的套語。

　　散人：散鄉人，窮人也。

　　這是一句非常殘酷的俗語，何等深刻地反映著窮人所受精神虐待的情況：他們的夢想，常常被富人當做笑料！窮人要出頭天的努力，也成為爆發戶的禁忌！怎不令人氣憤？為甚麼臺灣會產生如此惡毒的俗語？豈不是舊時統治階級塑造奴隸的口號？術士誘惑歹命人的迷信？其實，窮人最需要的是，保持積極的思想，百折不回的鬥志，相信一定能夠改變自己的「命運」。凡我窮友，

務須同心努力，徹底的來消滅這句魔咒！

【54】

東到普普，西到霧霧。

Tang kaú phu-phú, sai kaú bū-bū.

所擁有的土地，一望無際。

　　用法有二：一、用來形容，富人有一望無際的土地。二、用來諷刺窮人，看不出他有什麼土地；用做反諷。

　　普普……霧霧：眺望景觀的盡處，視之灰灰者爲普普，見之朦朧者爲霧霧；也即是，超越過眼力的距離。

【55】

財甲新艋，勢壓淡防。

Chaî-kah Sin Báng, sè-ap Tām Hông.

論財富是新艋二地之首，說勢力爲淡防之冠。

　　用來形容，財勢力，三字全的人。

　　新艋……淡防：乃是新竹、艋舺二地，以及淡水、海防二廳之簡稱。此二廳，係清政府於雍正元年(1723)增設的❹，用來加強控制台灣。

【56】

好額到流出來。

Hó-giàh kah laû-chhut-laî.

錢財滿溢。

　　誇張地描畫富人多金的情形。

　　好額：富有。

【57】

土治公，流清汗。

Thó͘-tī-kong, lau chhín-koāⁿ.

土地爺流冷汗。

　　用來諷刺財主，說他錢多體弱。這大概是，窮先人的酸葡萄效應吧。

　　土治公：土地之神化，即是民間信仰中的土地爺，奉祀爲「福德正神」。流清汗：身體虛弱的症狀。民間的健康常識，認爲身體虛弱的，容易流汗，而且汗水是淡的。清：冷淡不鹹。

【58】

大榕樹，好蔭影。

Toā chheng-chhiū, hó ím-ńg.

大樹下好乘涼。

　　用來形容，富人的援手，恩澤廣被，可比大熱天的樹蔭。看來，先民在困苦中，一定有過富人經濟援助的經驗。這句俗語透露的，豈不是他們獲得「蔭影」後，感激的讚嘆嗎？

　　大榕樹：比擬富有的人家。蔭影：庇蔭、支援、幫助。

【59】

食，山珍海味；穿，綾羅紡絲。

Chiah, san-tin haí-bī; chhēng, leng-lô pháng-si.

窮人用來形容，富人奢侈的生活；白描有錢人的享受，吃的是珍饌，穿的是美服。

　　山珍海味：珍貴的肴饌，如傳統所謂的熊掌、燕窩、魚翅等等。但是，現代文明的人，已經不再吃這一類面臨絕種的動物了。綾羅：

紋彩華麗，質地細緻的薄絹；而「綾羅紡絲」，泛指昂貴華麗，上等絲織品的布料或衣衫。

　　先人大都勤儉樸素，諄諄敎誨子弟，「綾羅綢緞雖然好，不及靑藍布衣巾。」《訓蒙敎兒經》不過，有錢人的子弟，穿著是相當講究的，而且布料都是舶來品，連雅堂在《台灣通史》有這樣的話：「綢緞之屬，來自江、浙，富紳用之。建省以後，杭綾盛行，局緞次之。大都以藍爲袍，以玄爲褂，亦有怡紅公子，慘綠少年，爭華竟美……五花十色……」❶

【60】

有食於面，有穿於身。

Ū-chia̍h tī bīn, ū-chhēng tī sin.

營養的三餐可見於面容，而華麗的衣衫展示在身上。

　　用法有二：一、用來形容，富人的生活安定，衣食美麗豐富。二、斷言衣食是很重要的，吃得好，滿面紅光；穿得好，全身漂亮。

　　有食……有穿：足食豐衣。此一「有」字，不僅是指物件的有無，而且是指質優量多。

【61】

水鬼，升城隍。

Chuí-kuí, seng sēng-hông.

水鬼晉升爲城隍爺。

　　用來諷刺窮漢暴發，一夜之間搖身變成富豪。這句俗語是用「水鬼」來比喩窮漢，用「城隍」喩指富豪的。

　　水鬼……城隍：水鬼，溺死的冤魂成爲水鬼；城隍，城池的神化。

台灣民間相信，溺死的靈魂，變成水鬼，若其生前爲人正派，功果豐富，就有希望晉升爲城隍。當今臺灣儒宗神敎扶乩著造的善書，更向神界「前進」一大步，紛紛封神，說「某某善人功果豐富，死後被封爲某地的城隍」。筆者看過的善書，被神化爲鄰里的城隍爺的，以里長伯伯、鄰長叔叔爲最多。這算是「崇功報德」吧？不論如何，但願在那莊嚴的世界，這些新任的城隍，不要阿附專制閻王，不要做爲黑道金牛競選天公的「柱仔脚」。拜託啦！

【62】

三人扛，四人扶。

Saⁿ-lang kng, sí-lang hû.

出門有轎服侍，走路有人扶持。

用來諷刺富貴的人，享有周到的服務和照顧。應該注意的是，這是一句反諷的俗語，因爲「扛」和「扶」的賓詞常常是「死人」、「病人」！

三人扛：指坐轎。抬小轎的轎夫有三，就是前後各一人，而第三人在轎的前後協助。四人扶：前呼後擁，左右扶持。

【63】

坐佇食，倒佇放。

Chē-teh chiàh, tó-teh pàng.

用來諷刺那不事生產，享受安逸生活的世家富人。這是一句強烈詆毀的俗語，用上了癱瘓病人的形像來形容放逸的富人。算是惡口！

坐佇食：坐享其成的人，雖然字面的意思是，坐著吃飯。倒佇放：字面是躺著拉屎，意思是說，那富人不必工作，而肆意花費，任情享

樂。

【64】

有錢日日節，無錢節節空。

Ū-chîⁿ ji̍t-ji̍t cheh, bo-chîⁿ cheh-cheh khang.

有錢人的日常生活就像在過節，窮人就是在年節也是空空的。

　　窮人用來自嘲，沒有錢過節的感嘆。

　　這句俗語的形式結構，用的是「反對對偶格式」，而且對得眞好：「有錢」對「無錢」，「日日節」對「節節空」；清清楚楚地對出了貧富之間的大差距。此一形式是臺灣俗語重要的結構，值得留意欣賞！(→31.65-67,69-71,73,75,77)

　　日日節：有錢人就是在平常的日子，吃得起大魚大肉，炊得了年糕，包得起肉粽，無異於過節。節節空：在年節的時候，沒有錢張羅祀神的祭物，如三牲五牲之類的 ❶⑥，買不起應節的食物，虛有年節之名。

【65】

富家一席酒，窮漢半年糧。

Hú-ka it-se̍k-chiú, keng-hàn poáⁿ-ni-niû.

富人的一席酒資，可讓窮人買半年的糧食。

　　用做格言，勸人要節約飲食，不可浪費。當然，這句話對浪費的富人，也是嚴肅的批評！語見《格言諺語》。

　　窮人和富翁的差別，不僅是經濟上的，而且久而久之，也造成人生觀和價值觀，等等重要概念的差異。同時，貧富之間，很難有眞正的了解，幾乎沒有溝通的可能性；說要彼此接納，恐怕比登天還難。此所以釋迦牟尼必須走出王宮，耶穌基督必要道成肉身；❶⑰ 他們若不成爲窮漢，不生活在苦難的人民之中，也就無

法了解世人，救渡世人了。據聞，台灣有不少大官、議員，幾乎以豪宴爲日食，以酒精爲交際謀利的工具，罔顧人民的問題，旣沒有向選民負責的自覺，更缺乏服務選民的能力。我們無法想像，假如有朝一日，醉漢當選總統，酒瓶充塞了國會、五院！

【66】

富嫌千口少，貧恨一身多。

Hù hiâm chhen-khaú siáu, pîn hīn it-sin to.

富者生養千人尚嫌不足，窮人要養活自己已經很難了。

　　用來表達窮漢的怨嘆。這句俗語，誇張又忠實地表達著貧富懸殊的感受：第一分句是誇張大富翁的財力、勢力、人力；第二分句是寫實的，說出窮漢自身難保的苦境。

　　語見《注解昔時賢文》。古注特別舉出，齊國孟嘗君、楚國春申君是典型的「富嫌千口少」，他們各有「食客三千」。

【67】

富的富上天，窮的窮寸鐵。

Pù-è pú chiūⁿ-thiⁿ, kêng-è kêng chhún-thih.

富人的財富高積頂天，窮人的缺乏連寸鐵難得。

　　用法和意義類似上一句。喻指貧富懸殊，有天淵之別，是一句震撼力很強的反對對偶句。

　　台灣的窮人有多窮？應該不難想像，俗語不是說，他們窮到只剩下「雙脚，挾一個卵脬。」(31.27)而最後是「割喉，無血」(31.35)嗎？但問，台灣的富人有多富？卻難以回答。據說，1994，台灣的前五名大富豪是：蔡萬霖，有1600億(排名世界第九)；吳東進，1250億；王永慶，800億；辜振甫，650億；徐有庠650億。(《自

立周報》1994(5.13):10)

那麼，貧富之間的距離如何？按行政院主計處發布：台灣的貧富差距有逐漸擴大之勢，在1993年，家庭每戶的支配所得最高是141萬，最低僅有26萬，其差距是5.42倍，不過有60％的家庭的支配所得是66萬元。(《中央日報》1994(8.20):7)

行政院的這些統計數字，看不出貧民「窮寸鐵」的實況，因為被富人的「富上天」平均掉了，以致於造成台灣沒有窮人的假像。雖然我們厭惡「富上天」的野心，但虔誠地祈禱，台灣人人富足。

【68】

富人讀書，窮人養豬。

Hú-jîn thȯk-su, keng-jîn ióng-ti.

有錢人讀書求功名，窮人養豬救貧。

舊時用來做勵志的話，勉勵富人要有「遠大的」理想，勸戒窮人踐行「務實的」工作。語見《格言諺語》。

此語的根本理由是：富人既然生活安定，最好是讀書，這樣進可登龍門，退可培養儒士氣息。那麼窮人呢？去養一條母豬吧！養豬急功近利，頗適合貧民有限的條件。言下之意是：餓著肚子，還讀什麼書！游鍵至此，我思想起：1987客座於南菲卡大巴達神學院。遇見好久沒來上課的學生，關心他，談了讀書的事。交談中，他有這麼一句："No breakfast, no class!"—說的正是「餓著肚子，還讀什麼書！」厲害哦，南海有「儒生」焉！

顯然的，這句俗語充滿了舊時代讀書人的偏見。現代社會，若是說真的要養豬來救窮致富的話，也是須要讀書，用智的；沒有養豬的專業知識，缺乏經營的方法，無知大社會的經濟動向時，恐怕不但得不到利益，連賠上老本，付出老命都很有可能。因此，

原諒筆者大膽，把這句不合時宜的舊話，改動二字：「富人讀書，窮人用智！」可乎？窮人要翻身也好，要務實也好，要養「豬母」也好，要急功近利也好，除了「用智」，能用什麼？

【69】

有錢踏金獅，　無錢狗也來。

Ū-chîⁿ tàh kim-sai, bo-chîⁿ kaú iā-laî.

富時，就是金獅子也把牠當座騎；貧時，連狗也得騎了。

　　諷刺富人衰敗後，落魄的窘境。

　　我們不難繪出一幅「有錢踏金獅」的行樂圖，但卻萬萬不敢、也不能想像，窮漢騎著台灣土狗的情景。不過，若是把「無錢狗也來」，解釋成「落魄的時候，連自己的狗也來欺負！」是否比較實在？因為，臺灣有好多忠實的走狗啊！

【70】

人貧志短，　福至心靈。

Jin-pîn chì toán, hok-chì sim lêng.

貧窮使人喪失志氣，而幸福使人心更加靈明。

　　用來描寫窮人和富人的不同心境。

　　從結構上言，這句俗語是「異義對比」格式；前後二個分句，分別描畫貧人和福人的不同心理狀態。至於造句形式和包含的意思，則可比較「人窮志短，馬瘦毛長。」(→31.45)在實際應用上，較常單獨使用第二分句。

　　這句諺語說「人貧志短」，是言之成理的，因為貧窮可能造成自卑感，使人喪失自信心。但更嚴重的是，長期貧窮的個人，或是世代貧窮的社會，將會遭受到「無知」和「黑暗」的蹂躪：他們的

字典找不到「出頭天」，他們的眼睛看不見前途，他們的夢境不會
出現樂園，他們的生命被物化成換取少量食物來延命偷生的工
具！我們能相信嗎？今天貧窮的蘇丹，還有販賣奴隸的老市場！
("Time"(July 1, 1996):30)

【71】

散鬼互人驚, 做婊坐大廳。

Sán-kuí hō͘-lang kiaⁿ, chó-piáu chē toā-thiaⁿ.

窮漢似鬼，令人遠避唯恐不及；富娼是貴賓，請上座！泡好茶！

　　用來諷刺有錢人，可能是酸秀才胃酸過多的效應吧。

　　其實,「坐大廳」的婊子很不簡單,肯定是個擅於用錢的高手,
因爲俗語說：「有錢,使鬼會挨磨。」不然的話, 她怎能從台灣人
的毒咒中得到解脫、超度, 而又受到熱烈歡迎, 捧上貴賓席呢？
當知, 台灣人的老祖宗對婊姊妹們從不寬赦, 製造了好多毒咒專
門來侍候她們呢！說什麼「做婊趁,生瘡了」,「食人骨髓,拐人家
伙,後日做乞食煞尾」⓲,一類不堪入耳的惡言惡語。

　　平心而言, 對這群姊妹, 應該付出的是社會關懷, 應該設想
的是如何保護她們, 不受剝削, 不受傷害, 可能的話, 幫助她們
改行換業。像先人一般來咒詛的, 或是假借倫理道德來謾罵的,
要表示什麼？於事何補？罵了幾千年臭婊的社會, 還不是照常恭
請富婊坐大廳！坐國會！

【72】

散無散種, 富無富長。

Sàn bo-sán-chéng, pù bo-pú-tñg.

貧窮不是基因,富裕也不會遺傳。

窮人用來給自己加油，也順便用來刺一下富人的話。第一分句，是窮人的自勉，很有志氣，眞有「王侯將相，寧有種乎？」《史記・陳涉世家》的氣魄。第二分句是窮漢對富人的傳統偏見，參了好幾瓶酸醋啊！

【73】

散人也無散種，富人也無富在。

Sán-lâng iā-bo sán-chéng, pú-lâng iā-bo pú-chaī.

用法和意義類似上一句。

【74】

一家富貴，千家愁。

It-ka hú-kuì, chhen-ka chhiû.

窮人用來宣洩貧困的哀怨，對富人的不滿。

爲什麼會「一家富貴千家愁」呢？傳統的說法是，眼看人富我貧，起怨成妒，而後悲愁。但現代的「千家愁」，比較嚴重，是社會的、經濟的，更是人性尊嚴的愁苦，那是：大資本家、大財團壟斷經濟，控制市場，剝削社會共有的財源，奪走中小工商業的競爭力！看來，這樣的千家愁，沒有什麼特效藥，已經超過了聖人的修養境界！

【75】

貧而無怨難，富而無驕易。

Pîn jī bu-oàn lân, hù jī bu-kiau ī.

要修養到身處貧窮而沒有怨恨的心眞難，但富貴而不驕傲則比較容易。

這是舊時代修心養性的格言。

　　「貧而無怨」是暴政之下，人民強迫「修養」的「道德」，用來防範貧民造反；在那時期窮人沒有怨的自由，也幾乎沒有怨的能力，談「不怨」之難易，並沒有什麼意義！不過，現代的自由人必要修養的，反而是「有怨」的功夫：要把消極的怨變成千百種積極的社會運動，或示威，或遊行，或演講，或第四臺，或種種方法，來刺激全體人民關注重大問題，來一起改善解決。自從九十年代以來，臺灣人民走上街頭，很會表示種種「有怨」的意見，而且怨的問題，並不限於「貧」，而是怨專制，怨中國的飛彈。

　　至於「富而無驕」，或是很驕，是個人修養，干卿底事？要是真的對富人有什麼意見的話，應該焦點在那些嚴重逃稅的，商官勾結竊取國家資源的，以私人企業利益影響政策的，利用政治人物為工具的，黑金破壞司法公正的，等等不法之富人。總之，我們認為「貧而無怨」，不是健康的個人或社會現象。重要的是，必要化解「怨氣」，成為創造新人，新社會的動力。

【76】

人生富貴休歡喜，　莫把心頭做火燒。

Jin-seng hú-kuì hiu hoaⁿ-hí, bȯk-pā sim-thaû chó hoé-sio.

不可把富貴當做歡娛，不可讓貪婪逸樂煎熬你的心。

　　這句是舊時代修心養性的格言，但是對現代人的精神生活，還是很有啓發性的。

　　初看這句「人生富貴休歡喜」，直覺做「不要以富貴為歡喜」，而頗有反感，認為太做作，太虛偽！歡喜自己富貴，有何不可？但仔細一想，這句格言要勸化世人的，原來是說：不要把「富貴」等同於「歡娛」，不可把「富貴」當做滿足欲望的工具，不要讓生命

給欲望的火燄焚燒掉！這樣講的話，難道沒有道理嗎？否則，不但蹧蹋了富貴，而且把自己變成滿足欲望的奴隸！豈不可惜？

【77】

貧窮自在，富貴多憂。

Pin-kêng chū-chaī, hú-kuì to-iu.

貧窮的人自由自在，富貴的反而憂慮多多。

這句俗語可能是貧窮的先人，當了酸秀才之後的「自慰」！但我們認為，若是把本句的修辭格了解做反諷，可能比較有積極的意義。假如，接受傳統的見解，那麼這句俗語是相當違反社會事實的。

語見《增廣昔時賢文》。傳統認為這句諺語是修養的格言，用來鼓勵人「安貧樂道」。

自在：心靈安適，沒有憂愁；頭腦清楚，能夠思想；身體舒爽，行動自由。這是人類創造高等文明的基本條件之一。

處於奪財害命為常事，窮人被迫上梁山的社會，富貴可能比較多憂，因為稍微不慎，難免財散人亡。但是舉目一看當今文明高，治安好的社會，幾乎處處都在見證著「貧窮多憂，富貴自在」的「真理」！富貴的自在，難以盡述，僅以今年三月中國侵犯臺灣領海為例，在那人心唯危，逃命為要之時，能夠逍遙於「海外樂園」的，是什麼樣的人？保證沒有一個窮人！不論在什麼樣的社會，我們實在看不出，窮人有什麼自在。姑且不論，窮人因為沒有錢，也就沒有生命的危險，也就「自在」之說能否成立，我們所看到的貧窮，卻是帶有毀滅性的邪惡。貧窮之惡是：最先，「缺乏」剝削了窮人身心正常的活動力；繼之，「艱難」消磨掉窮人的自信心，

耗盡他們的精神力量；最後，「無能」吃掉，消化掉整個窮人。還有，窮人之死是無聲無息的，如同秋葉的飄落!總之，對這句古諺，我不能說「阿們！」❶⑨

注釋

1. 吳瀛濤《台灣諺語》，頁29。

2. 腥臊[chhe-chhau]：較平常特別的，量多質優的料理。腥臊，要有「腥」，是海鮮；要有「臊」，是飛禽走獸的肉。此詞，林本元寫做「叉操」，他解釋做：「叉者洋菜的飯具，操縱飯具，必有盛饌，而忙於應付的，所以一般受招待的時候，都說去食叉操。」（林本元「台北人講台北話」《台北文物》(5卷4期)：82)我們認為林先生此說難以成立，因為台灣人用箸[tī]用筷，又有「腥臊」可吃的時期，不在荷西據台，引進「洋具」之後，這是不辯自明的。——荷蘭據臺是1624-1662年，而西班牙是1626-1642年。

3. 精牲仔[cheng-siⁿ-á]：即雞、鴨、鵝，等家禽。

4. 翁仔某無相棄嫌，菜脯根罔咬鹹[Ang-a-bó· bô saⁿ-khí-hiâm, chhaí-pó·-kin bóng-kā-kiâm.]：這句台灣古諺，可能是窮夫對妻子所說的話，意思是說：「我們是貧窮的夫妻，不要互相嫌棄了。至少，我們三餐還有鹹蘿蔔乾，來配泔糜呢！」

5. 車輦笨[chhia-lén-pūn]：陀螺型的積穀器具。中型的，体積約有2.5M立方之普。柴間[chha-keng]：柴、草，等家庭用燃料的儲置室。

6. 陳冠學《台語的古老與古典》，頁8。

7. 路旁屍[lō·-pōng-si]：死在荒郊路邊，沒有家屬的屍体。

8. 蕭公權《中國政治思想史》(台北：文化大學出版，1982)，頁606。

9. 著驚[tioh-kiaⁿ]：受到驚嚇。著傷[tioh-tiong]：受傷。著銃[tioh-chhèng]：中了銃傷。著鏢[tioh-pio]：舊時的「中鏢」，現代的「染上性病」。著猴[tioh-kaû]：(小孩)患了疳積病。

10. 九降風[kau-káng-hong]：農曆九月開始吹襲台灣的強勁冷風。

11. 日頭赤炎炎，隨人顧性命[Jit-thaû　chhiah-iāⁿ-iāⁿ,　sui-lâng　kó-sîⁿ-miā.]：意思是，光天化日之下，各人自顧逃生為要。台灣人放尿攪沙膾做堆[Tai-oan-lâng páng-jiō chhiau-soa boē chó-tui.]：是說，台灣人不會合作，正如尿水不能凝聚沙石。

12. 有錢烏龜坐大廳，無錢秀才人人驚[Ū-chîⁿ o-kui chē toā-thiaⁿ, bô-chîⁿ siú-chaî lang-lang kiaⁿ]：意思是，有錢的私娼寮老闆，被奉為上賓，請坐在大聽上，而那位學行俱優的窮秀才，還是避之為吉。——靠妻子為娼，以渡日的丈夫，也稱為烏龜。

13. 吳瀛濤，同上注，頁215。

14. 連雅堂《台灣通史》(北京：商務印書局，1983)，頁49。

15. 同上注，頁427。

16. 三牲五牲[sam-seng ngó-seng]：雞、鴨、豬肉，三牲；另外加上二樣葷菜，如，虱目魚、魷魚，為五牲。

17. 道成肉身[tō-chiâⁿ jiok-sin]：基督教用語，意思是：上帝在耶穌基督裡成為世人。

18. 做婊趁，生瘡了[Chó-piáu thàn, seⁿ-chhng liáu.]：意思是，娼婦賺的錢，都將費盡於醫治她的毒瘡。食人骨髓，拐人家伙，後日做乞食煞尾[Chiah-lâng kut-chhoé, koái-lâng ke-hoé, aū-jit chó khit-chiah soá-boé.]：是說，婊子吸食人家的骨髓，誘拐別人的財產，而最後的命運是淪落為乞丐。

19. 阿們[a-mén]：「誠心所願也！」基督教的用語，做為禱告的結束詞。

第二節　衰：種豆得瓜

本節分段：

工作生活變壞 01-07　多遭意外災險 08-11　自然法則反常 12-15

作爲錯誤頻繁 16-19　凶惡接一連三 20-26　歹命惡運作祟 27-31

家勢代代衰敗 32-39　家破散人流亡 40-43

【01】

做生理做到刣牛，做穡做到扱蕃藷。

Chó-seng-lí chó-kah thai-gû, chó-sit chó-kah khioh-han-chû.

老闆淪爲屠夫，農家變做拾餘人。

用來譏刺人家，經營事業徹底失敗，境遇十分狼狽。

這句俗語的背景是這樣的：原來台灣人的職業有貴賤之分，在舊時代的屠牛士和扱藷人，算是屬於賤業貧民，或根本就不是什麼「業」，什麼「民」的。因爲屠牛總是給人以兇殘的印象，非英雄偉業也；同時，大部分人不吃牛肉，因爲宰的幾乎都是有功於農的老病耕牛，怎甘吃牠？至於扱蕃藷嗎？通常是被人看扁的窮苦人家的婦女或小孩子幹的，就是一般農戶也都給人來自由翻撿。可見，句子裡用的形像比喻：老闆淪爲屠夫，農家變做拾餘人，是多麼誇張地強調人生的變化衰敗，描盡了落魄至極的慘境！

做生理：經商，包含大小生意。刣牛：屠牛。做穡：種田，耕農。扱蕃藷：農家犁開番藷壟之後，開始撿取蕃藷。過後，他們並不再撿第二次，乃是讓給鄰人或窮人來自由翻撿餘下的。❶

【02】

要去紅膏赤蠘, 轉來鼻流涎滴。

Beh-khì ang-ko chhiah-chhih, tńg-laî phīn-laû noā-tih.

出門時滿面紅光,而入門卻是個病人。

　　用來形容健康情形惡化之速,一個壯漢在短期間內,就變成病夫。

　　這句俗語,對得好工整,也對得令人好心酸:「紅膏赤蠘」和「鼻流涎滴」的變化,只是在「出去」和「回來」之間。不過,人間的興衰變化,有時就是如此!

　　要去:出門的時候。紅膏赤蠘:形容健壯的男人;蠘,青梨色的生猛海蟹。飽卵的母蠘,煠之,其膏朱紅,蟹面紅光。轉來:回到家裡。鼻流涎滴:指軟弱的病人;流鼻滴,咳嗽,如重感冒的症狀。

【03】

食無錢米, 做無錢工課。

Chiảh bo-chin-bí, chò bo-chîn khang-khoè.

失業了,寄食人家。

　　用來自嘲失業,或指一事無成的慘況。

　　食無錢米:吃的米飯不用花錢買,是人家施捨的。做無錢工課:字面是,沒有報酬的工作;實際上是,沒有工作做,失業也。工課:工作;坊間有寫做,「功課」或「空課」的。

【04】

風箏斷了線, 家伙去一半。

Hong-chhoe tńg-liáu-soàn, ke-hoé khí-chit-poàn.

事業如斷線的風箏,家產損失慘重。

用來自嘲，說事業經營失利，損失慘重。這是戲謔話！

風箏：在此是指工作、事業。家伙：家產，財產。去：損失。

【05】

家伙了，秀才無。

Ke-hoé liáu, siú-chaî bô.

家產完了，人也去了。

用來諷刺，說人財兩空，家勢敗亡。

秀才：明清時期，入學讀書，準備參加科舉的生員。現代，泛指學業成績優異的學生。在台灣的舊社會裡，秀才算是「知識分子」，雖然沒有「功名」，但是在地方上，有他一定的身份。了：損失、破產。無：沒命、死亡。

【06】

百行，百了。

Pah hâng, pah liáu.

所做的事，儘都失敗。

用來諷刺人家，說他有營業，必失敗。

百：一切，全部。行：作為，行事，行業，事業。

【07】

一了，百了。

It liú, pek liú.

大勢已去，全盤失敗。

用來自嘲，說生意虧得清潔溜溜的。

一……百：指所有、一切。

【08】

蜈蚣，走入狗蟻岫。

Gia-kang, chaú-jip̍ kau-hiā-siū.

陷入絕地。

用來喻指陷入絕境，痛苦掙扎，而又毫無希望的人。這是非常殘酷的比喻，用千萬傾巢而出的螞蟻雄兵，包捲刺嚙無助的蜈蚣。比喻的形像用得如此慘烈，眞是令人爲那條蜈蚣感到無限的悲哀。

狗蟻岫：螞蟻的大本營，蟻穴也。

【09】

大風，吹冇粟。

Toā-hong, chhoe phán-chhek.

橫禍攻擊薄命人。

用來自嘲命運多舛，事業慘遭失敗，正如被風吹走的冇粟。請比較，「風吹冇粟，薄福者受。」(→33.34)

冇粟：稻粒、穀實空虛。

【10】

行著，卯字運。

Kiân-tiō, baú jì-ùn.

遭逢壞運。

用來自嘲運氣不好，碰到壞運。

卯字運：即是卯運。卯字，是地支之一，早晨自五時至七時。卯運原是好運，因爲卯時在天剛亮的時辰，叫做「天光卯」，是光明的象徵，又有「卯眼，以虛入盈」的豐盈的聯想。❷但是，卯運了解做歹運。

❸

【11】

胡蠅，惹衰脚。

Ho͘-sîn, jiá soe-kha.

招惹禍端。

用來自嘲或說他人，無緣無故地招惹事端；以蒼蠅四處沾污，終於把牠自己沾黏在捕蠅膠紙上爲形像，來比喻衰運中人的無端招引禍事。

衰：指禍事，歹運，如發生意外的災禍，其反義詞是「興」。

【12】

人若衰，種匏仔生菜瓜。

Lâng nā-soe, chéng-pu-á se^n chhaí-koe.

人逢衰運，種匏得瓜。

多用來自嘲歹運，喻指惡運當頭，所做儘得其反。

匏仔：一年生攀援草本，是葫蘆科植物。果實倒卵狀長橢形，有戎毛；嫩時綠色，果肉柔軟可食；老熟後，外皮可做藥用，其性甘寒，利水清熱，藥名「匏子」。❹菜瓜：即「絲瓜」。一年生攀援草本，葫蘆科植物；瓜果長圓柱形，長可18-60公分；幼時皮綠粉白色，老熟時成深褐色；於夏秋間採收絲瓜，可爲藥用，其性甘涼，有清熱、化痰、涼血、解毒之效。❺菜瓜是台灣常見的蔬菜，不但是農家的生產作物，就是一般有空地的民家也常種植於住屋的附近。

【13】

人一下衰，種匏仔發菜瓜。

Lâng chit-ē-soe, chéng-pu-á hoat chhaí-koe.

用法和意思類似上一句。

【14】

人一下衰，熊水也朝鍋。

Lâng chit-ē-soe, hiaⁿ-chuí iā tiau-oe.

人逢衰運，燒開水也生鍋巴。

　　用法和意思類似上面二句。

　　熊水：燒開水。朝鍋：粘住鍋底，如鍋巴。不是指硬水燒開後，沉黏鍋底，薄薄的水垢，而是說清水似飯巴朝鍋。

　　「熊水也朝鍋」是違反物理的現象，不是理性所能了解的。先人所經驗到的「衰」，就是如此這般，沒有道理可想，也無話可說！假如我們勉強要說它，只能說：邪惡的痕跡。

【15】

飼雞，變伯勞。

Chhī-ke, pián pit-lô.

養雞變鳥。

　　用來自嘲工作徹底的失敗，也是喻指，衰運蘊藏著反自然律的許多凶惡和不測的災害。

　　伯勞：鳥名，屬燕雀類。体長約20公分，嘴短，尖銳。性猛，喜食昆蟲和小魚。❻

【16】

三創，四唔著。

Saⁿ-chhòng, sí-m̄-tiòh.

所做的事，大多失誤。

　　用來自嘆倒霉。是說，人在衰運中，所做的，所遇到的，盡都不順利。

三……四：三中有四，是指大部分。創：做事，活動。姆著：不對、失錯。

【17】

三抵，四姆著。

Saⁿ-tú, sí-m̄-tióh.

所遇到的，都不對勁。

用法和意思類似上一句。

抵：遇，遭遇。

【18】

七抵，八姆著。

Chhit-tú, peh-m̄-tióh.

用法和意思類似上二句。

【19】

七匼，八笑。

Chhit-khap, pé-chhiò.

七顛八倒。

用來自嘲，是說工作或事業非常困難，不能如意建立，如同祈神占杯，總得不到神明許諾的「聖杯」[siūⁿ-poe]，老是陰陰陽陽的，令人心裡發毛。弟子博了十五次杯，神明沒有一次OK，豈不悲乎！

匼……笑：博杯時❼，一對杯的陰面全部向下者為匼，全部向上者為笑；而一對杯，博得一匼一笑，是謂之「聖杯」，如果神明應允弟子所求，則可連連博得三次「聖杯」。

【20】

未落湳，先食落湳米。

Boē lȯh-làm, seng-chiȧh lȯh-làm-bí.

長期雨未到之前，就已經在吃發霉的米了。

用指霉運連綿不斷：現況是倒霉的，而在可預見的未來更是如此，所以把現在的不幸，說成是預先受苦。這跟中國成語「寅吃卯糧」—預先吃空—有異曲同工之處。

落湳：長期下雨；湳，泥濘。落湳米：發霉的米，因長期下雨，天氣潮濕以致家裡的食米發霉。

【21】

倚山山崩，倚壁壁倒，倚豬稠死豬母。

Oa-soaⁿ soaⁿ-pang, oa-piah piah-tó, oa ti-tiâu sí ti-bó.

凡是被接觸到的，或倒或亡，儘都遭殃。

用指惡運如影隨形，到處肆虐苦主。

倚：接觸，靠近。豬稠：豬舍。

【22】

走賊，抵著虎。

Chau-chhȧt, tu-tiȯh hó͘.

逃避亂賊，卻犯虎厄。

用來自嘆遭逢衰運，一劫過了，一劫又來。

走賊：走反也，逃避戰亂，如「走日本仔反」。

【23】

前門拒虎，後門進狼。

Cheng-mn̂g kū-hó͘, aū-mn̂g chín-lông.

虎狼前後夾攻。

　　用法和意思類似上一句。

【24】

虎，對天裡交落下來。

Hó͘, tuí-thiⁿ-nih ka-la̍uh lȯh-lâi.

禍從天降。

　　用指遭受到無妄之災。

　　交落：掉下，掉落。

【25】

一劫，過一劫。

Chi̍t kiap, koé chi̍t-kiap.

劫厄連綿不絕。

　　用來自嘆衰運作祟，災禍接一連三而來。

　　劫：劫數，災厄，災禍。

【26】

去互鬼拍著。

Khí-hō͘ kuí phah-tioh.

為惡鬼所傷害。

　　用指遭受橫禍。

　　互……拍著：字面的意思是「被打到」，含義是泛指「傷害」，如：「衰甲，去互狷的拍著。」❽互鬼拍著：毫無理由，更無因緣的凶惡、災禍，無妄之災也。

　　構成台語被動語氣的句式是：「互＋及物動詞＋著」，例如，諷刺江湖郎中的話：「萬應膏藥，不論互冷滾水燙著，抑是互死蛇

咬著，死蚊釘著，通通免抹見效。」

【27】

孤貧苦，三字全。

Ko͘ pîn khó͘, saⁿ-jī choân.

一百巴先的孤獨、貧窮、痛苦。

用來描述歹命至極的情景，可能是命相家的套語。

孤：沒有子孫的孤獨老人。苦：艱苦，是孤貧的結果。全：又可唸做[chñg]，意思是，齊全的、徹底的、100%。三字全：或作「三字整」，這是一個語組，可冠上同一個範疇的三個字，以表示「完全的」的意思，如：「智仁勇，三字全」、「嫖賭飲，三字全」。

【28】

孤貧枵，三字全。

Ko͘ pîn iau, saⁿ-jī choân.

用法和意思類似上一句。

枵：飢餓，三餐無著，特指沒有子孫供養的挨餓。

【29】

死，無葬身之地。

Sú, bu-chóng-sin chi tē.

用來形容，人生最悲慘的下場，也有用來咒人的。死不能入土為安，乃是民間最忌諱的至惡。

【30】

行運，無失時的久。

Kiaⁿ-ūn, bo sit-sî e-kú.

興盛之時比失勢之期短暫。

用來譏刺他人，說他沒落如此之速，現今何等落魄。

行運……失時：行運，遇到大興大發的好運；失時，遭逢凶惡的歹運。此二詞原是算命的術語，有關五行生剋宜忌，對本命大運吉凶榮枯，利害興衰的影響。

【31】

搖擺，無落衰的久。

Hia-pai, bo lak-sui e-kú.

揚威之時短，落衰之日長。

用來諷刺，過氣的作威作福的小人。

搖擺：張狂、揚威、囂張。落衰：失敗，由興盛而淪落爲衰敗。

【32】

三代粒積，一代開空。

Sam-taī liap-chek, it-taī khai-khong.

不肖子孫花盡祖宗勤儉的積蓄，或辛苦積成的產業。

譏刺散財浪子，也用來勸戒人，必要勤勉守成。

粒積：粒粒積聚，是說窮人由勤儉，積蓄致富的方法和過程。開：浪費，尤其是指花費於女色的，例如，「開查某」，買春也。

【33】

一代興，二代窮，三代落臉。

It-taī heng, jī-taī kêng, saⁿ-taī lak-lén

家勢好不了三代。

用來諷刺人家，家勢沒落快速，也用來勸戒人，要注意建業守成。

落臉：丟臉也，如淪爲娼、盜、乞丐之類。坊間有寫做「落撐」，

或「落輪」的。

【34】

一代舐鹽搵醋，二代長衫鬖褲，三代典田賣租，
四代香爐匼於街仔路。

It-taī chīⁿ-iâm ún-chhò‧, jī-taī tng-saⁿ sám-khò‧, saⁿ-taī tén
-chhân bē-cho‧, sí-taī hiuⁿ-lô‧ khap-tī ke-a-lō‧

由克難興家，到不事生產，而財散人亡，不過四代之間。

　　用法和意思類似上一句。

　　舐鹽搵醋：餐食僅佐以鹽醋，形容生活勤儉。長衫鬖褲：是公子
少爺穿的長衣和寬鬆的褲子，係指不事勞動生產的第二代。典田賣租：
田園典當，賣斷出租的田地。香爐匼於街仔路：祭祀神明、祖先的香
爐，被丟棄在街道上。

【35】

頭代舐鹽搵醋，二代長衫綢褲，三代當田賣租，
四代賣囝賣某，五代賣公媽香爐。

Thau-taī chīⁿ-iâm ún-chhò‧, jī-taī tng-saⁿ tiu-khò‧, saⁿ-taī tén
-chhân bē-cho‧,

sí-taī bē-kiáⁿ bē-bó‧, gō‧-taī bē kong-má hiuⁿ-lô‧.

　　用法和意思類似上面二句。

　　賣囝賣某：出賣子女妻子。舊台灣社會不乏此一慘事，筆者曾在
鹿港民俗館看到此類字契。可是，就是在進入二十一世紀的今日台灣，
販賣人口的案件，仍然時有所聞。公媽：祖先的神主[sin-chú]牌也。

【36】

千年田地，八百主。

Chheng-nî chhan-tē, peh-pah chú.

田地易主迅速。

　　用法有二：一是當做警語，說維持興旺的家世困難，產業易手如此之速，應多謹慎，敬業守成。二是用做勸善的話，勸人對錢財不要太計較，應該施捨的，就當歡喜來施捨。

【37】

大舞台板鼓——這霎不比彼霎。

Toā-bú-taî pan-kó͘—chit-tiap put-pí hit-tiap.

戲台的板鼓哀訴著，此時非彼時也。

　　用指景氣越來越差。這是戲謔語，乃是將板鼓擬人化，仿擬板和鼓的「這霎……彼霎」響聲，來比喻工商疲軟，市場蕭條。

　　板鼓：響板、大小鼓等，敲打的樂器。這霎：這時。彼霎：那時。

【38】

這時不比彼時，這霎不比彼霎。

Chit-sî put-pí hit-sî, chit-tiap put-pí hit-tiap.

　　用法和意思類似上一句。

【39】

草地鑼鼓——一冬一冬慘。

Chhau-tē lo-kó͘—chit-tang-chit-tang chhám.

鄉下的鑼鼓哀鳴著，一冬比一冬更慘。

　　用來宣洩農民利不及費，農村不景氣的苦悶。這是戲謔話，把鑼鼓擬人化，雙關地敲出農民鬱悶的心聲。此語，充分反映著台灣民間，對農村每況愈下的經濟狀況的感嘆。這真是一句非常悲涼，無奈的歇後語啊！

一冬一冬：年年，與時俱增；冬，年也。一冬一冬慘：用鑼鼓[chit
-tang-chit-tâng-chhàm]之聲，來做「一冬一冬慘」的擬音擬義。

【40】

妻離子散，家破人亡。

Chhe lî chú-sàn, ka phò jîn-bông.

用來形容個人和家庭的慘況。

【41】

戶口枋仔，吊於電火柱。

Hō͘-khaú pang-á, tiáu-tī tēn-hoé-thiāu.

居無定所。

　　用來諷刺「有路無厝」的流民。

　　這句俗語勾起一幅淒涼的景象：按日本政府的規定，戶口枋
仔必須掛在正門的門柱上。如今這個流浪漢，沒有戶口，也沒有
家門可掛，只好硬著頭皮，把它掛在台灣電力公司的電線杆上。
真是情何以堪！

　　戶口枋仔：門號牌也。在日據時代，它是用小塊檜木板做的「枋
仔」，上面用毛筆寫明，戶長的姓名和住址番號。電火柱：電線杆。

　　附帶一提，在大清國的版圖中，首先有電燈的是「台北府」；
那是在劉銘傳任台灣巡撫（光緒12年，1886）後所建。有趣的是，當時
官民聚集在西門城（今衡陽路）要看電燈是什麼東西。但當她大放光
明時，有閉目久久不敢仰視者，有嚇得目瞪口呆者，有讚歎不已
者，有跪地膜拜以爲「天光」者。❾唉！光明之降臨黑暗的大地，
如此威嚴顯赫！

【42】

洗面於剃頭店， 睏於豬砧。

Sé-bīn tī thih-thau-tiàm, khùn tī ti-tiam.

在理髮店洗臉，在豬砧上過夜。

用來諷刺無家可歸，落魄的「兄弟人」❿日常生活的一景。

豬砧：指豬肉攤，也指豬肉砧板；在這裡是指後者，乃是菜市場裡，獸肉攤販放置肉貨的砧板，板面大的，也有五尺長，二尺半深之譜。

這句台灣諺語已經成為絕響了，因為現代的「兄弟人」，大都已經非常「出頭天」了。君不見，他們西裝革履，出入有豪華轎車接送、鏢手護衛，住有洋樓和自營的大飯店，事業是包山包海的大圍標；說頭銜，要不是什麼董事長，就是什麼委員、什麼代表的；論財力，可操縱股市，影響司法。臺灣的兄弟人算是已經超生了，再來的該是雖啊？是雛妓嗎？是升斗小民嗎？

【43】

鹿耳門寄普。

Lok-ní-bûn kiá-phó.

寄祀在外的，鹿耳門媽祖廟的神像。

用來譏刺寄人籬下的人。

原來這句俗語有個典故，那是：在道光三年(1823)七月底的一場大風雨，曾文溪挾帶大量泥沙灌入臺江，把鹿耳門港填成陸地，把鹿耳門媽祖廟的神像衝走，幸得信士及時救得一些漂流的神像。既然廟已無存，只好另想辦法；後來，那些神像就寄祀在台南市海安宮，由該宮代行祭祀。⓫

寄普：原義是，流離失所的神像，寄在別廟，接受香火；引申做，

寄人籬下。

注釋

1. 關於收獲番藷和扱番藷，陳冠學有美麗生動的描寫。看陳冠學《田園之秋》「初秋篇」，頁16-19。
2. 詳見，林本元「台北人講台北話」《台北文物》(1957年5卷4期)，頁82。
3. 陳修説：「卯運是有發展性的好時運。但都做壞運解。」(《台灣話大詞典》)，頁41。這樣解釋是對的，乃是一般的實際用法。
4. 江蘇新醫學院《中藥大辭典》(上海：科學技術出版社，1986)，頁2084。
5. 同上注，頁92。
6. 陳冠學在《田園之秋》，寫有可愛的台灣伯勞。看，陳冠學，同上注，「初秋篇」，頁4，以及「仲秋篇」，頁81等處。
7. 博杯[poàh-poe]：擲筊也。拜祭後，擲筊於地，以占神意。筊，占具。常是一對新月形，乾硬的老竹根。
8. 猾的[siáu-è]：精神錯亂者。筆者在四五十年代的台灣，常常看到「猾的」出沒街上，有的大吼大叫，有的兇惡非常，有的坐在鬧市出神入定。
9. 詳見，王瓊「台北城110年」《中央日報》(1984,11.23)，頁6。
10. 兄弟人[hiaⁿ-tī-lâng]：地方上不務正業的浪人猛漢。實際上，只有業主或管理員得罪不得，或不願意得罪的兄弟人，才可能見容於理髮店洗臉，進入市場的豬砧上睡覺。
11. 朱峰對這句俗語的來源，有很好的説明，看「台灣方言之語法與語源」《台北文物》(1958年7卷3期)，頁17。而陳冠學有關鹿耳門地理變遷的論述，供給我們有關這句俗語的地理學的知識，詳見，陳冠學《老台灣》，第二章「滄海桑田」。

第三節　禍福難測的人生

本節分段：

福：生活清閒 01-02　　有所倚靠 03-05　　物質享受 06-11
　　好命好運 12-15　　財源富足 16
禍：禍福多變 17-20　　因禍得福 21-22　　禍事難免 23-27
　　未來難測 28-29　　惡運爲害 30-35

【01】

手不動三寶。

Chhiú put-tōng sam-pó.

手不必爲了生活而勞動。

　　用來諷刺那無所作爲，只會享受的世家子弟，或有閒階級富人。

　　三寶：金、銀、錢幣等，三件貴重的東西。還有，佛教的三寶：佛、法、僧；道家練功的三寶：精、氣、神。

【02】

食清，睏宮。

Chiàh-chheng, khún-keng.

吃齋，出家。

　　用指那生活富足，又會享受悠閒之樂的人。原是用「食菜人」，做爲形像比喩的。

　　食清：吃菜也，即吃素、吃齋；清是臊、葷的反義詞。睏宮：出家修行；字面是，在宮廟裏睡覺；宮，民間宗教的寺廟，這裡是指「菜

堂」，齋教的寺院。

　　台灣社會裡有不少女士是「食清睏宮」的，她們大都已經嫁人生子，而且家庭都有相當穩定或成功的事業。有好多重要的原因，或非常的經驗，使她們看穿紅塵苦惱，歸依佛祖，來拜師父，「吃菜」修行，以求超脫恩愛煩惱，尋求心靈開悟的自由和寧靜。

【03】

好食， 好睏， 好放屎。

Hó-chia̍h, hó-kùn, hó-páng-saí.

能吃、能睡，又能消化。

　　常用來諷刺那些生活無憂無慮的人。

　　好食：食物豐富，又有好的食欲；不一定指著珍饈美食。好睏：一夜安睡不驚，沒有煩惱，生活安定平安。好放屎：吃得了，能消化，表示身體健康。

　　這句俗語反映著民間非常現實的，相當原始的幸福觀念。這「三好」原是生活的根本需要，應不足以當做話題的；不過，在那食物缺乏，常有饑荒，社會不安，時有內亂的世代，享有這三好的人，不是神仙是什麼？

　　然而，今日的台灣人，假如仍然以此三好做為理想的生活條件，而努力去「開發」、去「享受」，就未免太辜負吃睡拉屎以外的福氣了。一個太專注於口慾的民族，必然比較容易輕忽精神生活品質的要求，久而久之，豈不成為體胖魂弱的族群？今日台灣，吃的文化可說已經發展到了極點；那麼，她的精神文明的程度如何呢？此事，愛惜台灣文化的人士，不能沒有意見吧！

【04】

食父母飯，穿父母裘。

Chiáh pē-bú-pn̄g, chhēng pē-bú-hiû.

衣食都倚靠父母。

　　常用來諷刺那些已經長大成人，而生活猶仍依靠父母，旣懶惰，又無意於獨立的人。

　　老臺灣人，以「食父母飯，穿父母裘」爲「好命囝」，因爲有父母的庇蔭，生活無憂無慮。

【05】

五十歲食父，五十歲食囝。

Gō͘-cháp-hoè chiáh-pē, gō͘-cháp-hoè chiáh-kiáⁿ.

五十歲時，上有父親供給，下有孩子供養。

　　舊時，用指生活安定，無憂無慮，享受三代同堂的福人。

　　食父……食囝：生活需要，由父子供應。

　　其實，先人獨立奮鬥的精神非常旺盛，並不以五十歲尚須父子供給生活的須要爲幸福，爲光榮。他們是嚴厲批判這種依賴性的，有《增廣昔時賢文》爲證：「三十不豪，四十不富，五十將近尋死路。」雖然，這「將近尋死路」說得有些誇張。

　　今天的台灣靑少年，頗能發揚先人獨立奮發的精神，大多已經從「五十歲食父，五十歲食囝」的老思想脫胎換骨了！他們快的在國中畢業後，晚的在大專時期，已經開始打工賺錢，過著經濟「獨立」的生活了。其實，這也不值得大驚小怪，歐美的少年家早就如此這般了。

【06】

食肉食三層，看戲看亂彈。

Chiah-bah chiah-sam-chân, khoáⁿ-hì khoáⁿ-lān-thân.

吃得好，娛樂得好。

舊時，用指富裕又「有文化的」福人，非爆發戶的老粗。

三層：三層肉，五花肉也。因赤白互夾，肉質咬感均佳，被認爲是豬肉最好吃的部分。亂彈：舊時台灣戲劇之一，即正音，京調，如「費宮人刺虎」。這種戲不是一般大衆所能聽懂的，所以未曾普遍流行於台灣。❶

從這句俗語看來，這位福人，約有50%異於「好食，好睏，好放屎」(33.03)一類的「口慾期」之徒，他除了愛吃「好料的」以外，也愛聽，又聽懂(？)「正音、京調」，算是古臺灣之雅士了。

【07】

高椅坐，低椅掛脚，食飯配豬脚，燒茶捧來哈。

Koan-í chē, kē-í khoé-kha, chiah-pīng phoé-ti-kha, sio-tê phang-lai-ha.

坐，有雙椅；吃，有豬脚；喝，有好茶。

用來描寫富人享受食福，過著清閒生活的情形。

高椅坐，低椅掛脚：舊時唯有富豪又有「文明」的人家，才有高椅坐，矮椅墊脚的享受。一般家庭，小圓椅、椅條❷，就已經很滿足了。配豬脚……燒茶哈：配豬脚和喝熱茶，並不是舊台灣的勤儉富人的生活方式，而是有錢，捨得花，又懂得享受的人的「奢侈」了。不過，現代的台灣人，在大餐飽食之後，常要品茗一番。八十年代以來，「泡茶」成爲一種社交風尚，蔚成所謂的「吃茶文化」了。

【08】

蹺跤，撚嘴鬚。

Khiau kha, lén chhuí-chhiu.

安坐，弄鬚。

用來形容安閒自在的生活。

蹺跤：架著二郎腿，是心神安寧，逍遙自在，輕鬆大方的坐姿。不過，假如擺動著疊架的跤的話，那可能是心不在焉，自覺無聊的動作。台灣人多有這種習慣，以求放鬆，而歐美人士則認為是神經緊張，有礙觀瞻的。撚嘴鬚：這是養鬚者，美鬚飾容的動作，可能是自在、自信、自我欣賞的心理表現吧！

【09】

遊府食府，遊縣食縣。

Iu-hú chiah-hú, iu-koān chiah-koān.

所到的地方，都有人招待。

用法有二：一、指逍遙自在，遊山玩水，不愁生活的人。二、形容無所作為，到處遊盪，寄食人間的流浪漢。其意義，須由文脈決定。

這句俗語的典故，台灣民間有二種說法：一是，唐玄宗因詩仙李白不願在朝為官，喜歡四處覽勝吟詩，於是賜李白所到之處，府縣主司務必接待供給。其次是，明初有36進士，奉皇帝之命巡察天下，在海上覆舟殉職，後來顯聖海上。皇帝聞知，造「王船」供奉其靈位，御書「遊府食府，遊縣食縣」，然後送入大海，令王船所到之處享受祭拜。❸ 後一個說法，仍然可從台灣西部沿海，燒王船的醮祭，窺見某些關聯的痕跡。

【10】

有福，食外國。

Ū-hok, chiáh goā-kok.

有福氣的人，吃外國食品。

　　表示羨慕那些能夠享用舶來食品的人，是戲謔話。

　　這句俗語顯示，七十年代以前，台灣限制洋貨進口，經濟條件有限的情景，也可以看出國人接受外國文化的態度。想當年，蘋果只是慰問病人的禮物，而洋酒、洋貨，有的是昂貴的走私品，而且大多流通在富人、特權分子、黑牛等，一類的人物之間。只有到了九十年代，開放洋食品和洋貨進口，才能夠自由買賣。但是，食外國，用外貨，對一般收入的人仍然不是容易的事。時至今日，台灣人用起外國物件，特別是高級精品時，還是掩蓋不了那一幅「有福」的神情呢！

【11】

老爹過渡──佳哉！

Ló-tia koé-tō͘──ka-chai!

給老爹擺渡，該載。

　　戲謔地，用來自稱有驚無險的經過。這裡的「佳哉」是「該載」的轉音，然後用做此二詞的雙關語。

　　老爹：舊時的地方小官。渡：清代，台灣河川的交通要津有筏渡客，其中有免費的「官渡」，有地方團體設置的「義渡」，以及私人營利的「私渡」。❹而老爹要過渡，不論何人所設的渡筏，都是應該渡他的。佳哉：幸虧，幸得，是經過驚險無事之後的感嘆詞。

【12】

財丁壽，三字全。

Chaî teng siū, saⁿ-jī-choân.

財、丁、壽，齊全。

　　舊時，常用做恭維人家的話，因為「財丁壽」是台灣典型的福人的條件。若用在現代文明的臺灣人身上，恐怕在「丁」的數量上，就要多多考慮了！──這句俗語說的，至少是「百丁」呀！

　　本句和以下的三句俗語是同義的。

　　這句和下列的類似俗語，突顯出漢人文化價值的一項特色，乃是「財」為價值觀和幸福論的核心。台灣社會自古至今，因為過份強調發財，以致一切教育和生活都以「向錢看齊」為目標。到了九十年代，「台灣錢淹脚目」的現象再度出現，社會上充塞了財大氣粗的爆發戶，他們到處「散財」，在國際上給台灣賺得了許多「有錢沒有文化」的「榮耀」。我們應該想一想，台灣人除了這裡的「三字全」之外，沒有什麼其他的「理想價值」嗎？難道沒有其他應該一起來追求的美善嗎？

【13】

財丁貴，三字全。

Chaî teng kuî, saⁿ-jī-choân.

財產，兒子和權貴都齊全。

　　用法和意義類似上一句。

　　貴：居於尊貴顯赫的地位者，如舊時得勢的大官。這句裡的「貴」字，並沒有「凡是人都是尊貴的」，或「知識是貴重的」貴義，而是依附權勢，由欺凌人民突顯出來的特權。

【14】

財勢力，三字全。

Chaî sè lĕk, saⁿ-jī-choân.

錢財、權勢、權力，齊全。

用法和意義類似上句。

勢、力：權勢和權力，乃是附庸在專制霸權的威勢。

【15】

時運命，三字全。

Sî ūn bēng, saⁿ-jī-choân.

時、運、命，吉利相成。

用法和意義類似上句。

時運命：時機、運途和本命。命相家認爲人在受胎時，本命的貴賤已經決定，但一生的吉凶、興衰、禍福、生死，仍然受到時運生剋的影響。這句說是說，時運命的超然因素，配合得大吉大利。

【16】

尻川坐於米甕，手摸於錢筒。

Kha-chhng chē-tī bí-àng, chhiú bong-tī chiⁿ-tâng.

屁股坐在米甕上面，手撫摸著錢筒。

用來諷刺那生活富足安定，賺錢多多的人。米甕豈是尻川坐的？先人之挖苦富人，也未免太酷太酸了！

米甕：家庭盛米的瓦甕；人安坐在米甕上，乃是「糧食豐富」，生活安定，帶有貶義的表象。手摸於錢筒：表示「銀元滾滾」而來，也表是愛財如命的形像比喻。

【17】

雲裡，跋落月。

Hûn-nî, poa̍h-lo̍h goe̍h.

月亮從天上掉下來。

用指意外地碰到好運。

跋落：跌下，落下。我們不知道，這句話和得到意外的好運，是怎樣關聯的。能夠想像的是：撥開烏雲，展現明月的美麗夜景。

【18】

朝爲田舍郎，暮入天子堂。

Tiau uī ten-siá-lông, bō̄ ji̍p then-chú-tông.

早上還是一個少年農夫，到了下午已經是金鑾殿的大官了。

這是舊時用來勸學勵志的格言，此所謂魚耀龍門也。句式用的是反對格的對偶形式。

語出《神童詩‧勸學》：「朝爲田舍郎，暮入天子堂；將相本無種，男兒當自強。」

田舍郎：農村的少年郎，說不定是「放牛班」出身的秀才！天子堂：金鑾殿也。

【19】

拍斷手骨，顛倒勇。

Phah-tn̄g chhiú-kut, ten-tó ióng.

折斷的手，反而堅固有力。

用來鼓勵曾經失敗，起而繼續奮鬥的人；也可能用來自勵或自嘲，表示沒有因爲困難挫折而喪志，反而更加精進。例如：病後身體反而更加強壯；留級生，反而考上第一志願，等等。

　　拍斷手骨：折斷手臂，喻指遭受到挫折困難。手骨：手臂。顛倒：反而。例如,「這個德國人顛倒比一般的台灣人,卡知影二二八的代誌。」❺

【20】

塞翁失馬, 焉知非福。

Saí-ong sit-má, en-ti hui-hok.

災害和損失,不一定不是福氣。

　　常用來安慰遭遇災害的人,要他們心存希望,好運將會來到。

　　典出《淮南子・人間訓》:「塞上之人,有善術者,馬無故亡而入胡,人皆弔之。其父曰:『此何遽不能爲福乎?』居數月,其馬將胡駿馬而歸,人皆賀之。其父曰:『此何遽不能爲禍乎?』家富馬良,其子好騎,墜而折其髀,人皆弔之。其父曰:『此何遽不能爲福乎?』居一年,胡人入塞,丁壯者控弦而戰,塞上之人死者十九,此獨以跛之故,父子相保。故福之爲禍,禍之爲福,化不可極,深不可測也。」

　　假如服膺塞翁的思想,把禍福變化看成「化不可極,深不可測,」時刻用相對的、不可知的態度來看人生的一切際遇。結果,難道不會修成「不動心」的態度,來旁觀人間的一切悲喜大事嗎?然而,個人或社會許多「出頭天」的事業,都必要親身捲進去奮鬥,分擔苦難,或是分享福氣的。看來,現代的台灣人,仍須三思塞翁的這種哲理吧!

【21】

因禍, 得福。

In-hō, tit-hok

從所遭遇的災禍,獲得幸運。

用法和意義同上一句。

【22】

大難不死，必有後福。

Taī-lān put sú, pit-iú hō· hok.

過得了大災難之後，一定會得到鴻福的。

常用來安慰劫後餘生的人。

後福：災後的福氣。有寫做「厚福」或「后祿」的，如《喻世明言》：「大難不死，必有后祿。」

大難不死之所以必有後福，馮作民認爲並非完全基於迷信的說法，其事理上的根據，有：一、災後親友社會的慰問同情，帶來福氣。二、可能改變其人生觀，使他以後做事更有信心，更勇敢，來創造出輝煌的事業。❻

馮先生的這種看法，對於個人生涯中可能遇到的病苦傷害，挫折衰敗，等等苦難來說，是正確的。不過，所遭受的若是歷史中，無法無天的大惡，那麼劫後餘生有無後福，就很難說了！姑且不談，德國納粹大屠殺，中國文化大革命的殘存者，僅以台灣二二八慘案的「大難不死」者而言，有的因此精神錯亂，有的隱姓埋名，有的逃亡外國視台灣爲地獄，而絕大多數變成政治啞巴。同時，這數十年來，國府將受難者當做敵人，親友避之如凶神惡煞，那有什麼後福？就是近年來的「平反」，也未見其公開眞象，未見滿意的賠償，死生埋冤近半世紀，還是看不出什麼後福來！

但是，我們認爲歷史大難的殘存者，通過二項任務的努力，可使人類全體獲得齊天後福。第一是，擔當起歷史責任：記錄大惡大難的眞象，並向世人公開宣傳，使人記得歷史的教訓，避免

再陷入歷史的錯誤。第二是，完成道德要求：勇敢挺身而出，一起來懲罰發動災難的元兇，批判誤謬的，騙人的政治意識形態，為眞理公義而繼續奮鬥。誠然，這二項任務非常艱難，尤其是在特務時時監視下，隨時有失蹤喪命的威脅，實難有所「作為」。然而，逃避考驗的人民，只有接受為奴的命運了！不過，到了九十年代，台灣不是出現了無數智仁勇的民主鬥士嗎？在1996年三月23日，台灣人民在中國火箭的威脅下，不是勇敢完成直選總統嗎？因此，我們有理由相信，台灣的政治前途一定有希望，台灣的全體人民一定後福齊天！

【23】

有一好, 無二好。

Ū chit-hó, bo-nn̄g-hó.

福不雙至。

　　常用來自嘲，說世上沒有圓滿如意的好事。大事，可用在人生；小事，可指買賣。比如說：「德航的班機安全，艙位舒服，又很少誤時；但是，票價比其他的高出太多，眞是有一好，無二好。」

【24】

你想, 江山萬萬年?

Lí-siūⁿ, kang-san bān-bān nî?

豈可夢想永保江山！

　　用來寬慰經營事業失敗的人，或警告愛錢不愛命的，勸他不可太貪婪錢財。這句俗語的修辭形式是「反語格」，應用反問法來強調，江山會變遷，財富快易主。

　　江山：錢財、財產、產業，原義是國家、國土。

【25】

人,　𣍐掛得無事牌。

Lâng, boē koà-tit bo-sū-paî.

人不能保證沒有煩惱的事。

用來安慰那平常身體健康,一旦患上重病的人,也用在寬慰遇到困難的人,要他把疾病、困苦看做是人生必有之事。

掛……牌:保證。字面的意思是,獲得執照,如「掛牌行醫」,引伸爲保證。

【26】

啥人門口,　會掛得無事牌?

Siaⁿ-lâng mng-khaú, ē-koà-tit bo-sū-paî?

誰的家庭,能夠保證不發生煩惱的事呢?

用法和意思類似上一句。

啥人:誰?何人?「啥」是人、事、物的發問詞。門口:家庭,字面的意思是門前。

【27】

人無千日好,　花無百日紅。

Jîn bû chhen-jit hó, hoa bû pek-jit hông.

人不能年年健康,花不能每一季都漂亮。

用做警語,提醒人務必好好地把握稱心如意的日子,養成應付急變的能力。這句俗語的結構,採取的是同義對比的形式:人和花都「無」常好,常紅。

語見,《注解昔時賢文》;其古注記載此句感人的典故:「昔日,田廣……兄弟三人分居,庭上一株紫荆,議破分爲三,一夜

花也憔悴，因感嘆曰：『人無千日好，花無百日紅。』及後同居，
花也復活。」這句古諺，廣爲引用，如《元曲‧兒女團圓》：「人無千
日好，花無百日紅，早時不算計，過後一場空。」

　　顯然，上面這個「古注」所要表示的意思，和現代的了解和用
法是不同的：他用人之不好，花也就不紅的故事，來強調兄弟愛。

【28】

孔子公，也唔敢收人隔暝帖。

Khong-chú-kong, iā-m̄-kán siu-lang keh-me-thiap.

就是孔聖人，也無法把握未來之事，何況是平凡的我！

　　用法有二：一是、用做婉辭的套語，表示不願意接受邀請。
二是、用做警語，提醒自己，當知限制，必要「務實」。全句的靈
魂是「不可知論」和「務實說」。

　　隔暝：隔一夜、明天。帖：請貼，邀請卡。

　　其實，台灣人並不相信這句俗語所要教導的，那種保守的思
想；他們是何等勇敢地向海外的世界，向尖端科技，向未來的國
際地位，去發展，去研究，去進取，去實現理想。雖然未來的變
遷不能夠完全掌握也是事實，但人類的智慧、能力、責任是要預
測未來，展望未來，實現理想於未來的。勇敢地繼續向著未來前
進，乃是臺灣精神，更是臺灣人的命運。當知，用未來「不可知」
和「務實」爲藉口來逃避社會、政治重大的緊急問題，其可預見的
結果是被所要逃避的問題所消滅。況且，要是未來全然「無知」，
那麼怎能知道「現實」？因爲，現在瞬息即逝，只有未來是永遠的
「現實」。

【29】

一更報喜，三更報死。

Chìt-kiⁿ pó-hí, saⁿ-kiⁿ pó-sí.

初更傳出喜訊，到了半夜卻送來訃音。

　　用來形容，悲喜變化之速。這是一句很忌諱的話，請小心了！

　　更：夜間時刻的計算單位，一夜分為五更。從下午六點起，每二小時為一更。例如，下午10至12點是為「三更」，也是「半暝」。❼

【30】

一千無份，八百無份，刣頭照輪。

Chìt-chheng bo-hūn, peh-pah bo-hūn, thai-thaû chiáu-lûn.

好處沒有，賠本要命的樣樣來。

　　用來自嘲事業大敗，或指共同經營的事業，毫無利益，儘是虧損。

　　無份：得不到。刣頭：喻指「賠本」，字面的意思是砍頭。

【31】

福無雙至，禍不單行。

Hok bû siang-chì, hō put tan-hêng.

喜事少，而禍事多。

　　苦難中人用來表達，遭受連綿禍害的哀嘆。這句俗語，在形式上對得很好，內容也對得很符合那些不幸的人深刻的感受。

　　典故出自《說苑・權謀篇》：「韓昭侯做作高門。屈宜咎曰：『昭侯不出此門。』曰：『何也？』曰：「不時。……福不重至，禍必重來者也。」諺小易其文，成福無雙至，禍不單行。」

【32】

無風無搖，倒大欉樹。

Bo-hong bo-iô, tó toā-chang-chhiū.

健壯的人，卻一臥不起。

　　用來慨嘆人生無常。

　　無風無搖：風靜，樹枝不動搖；喻指，沒有預兆、情況、症狀。
倒大欉樹：茂盛健壯的大樹忽然倒了下來，比喻健壯的人的猝死。

【33】

天有不測風雲，人有旦夕禍福。

Then iú put-chhek hong-hû, jîn iú tán-sek hō-hok.

正如天氣變化難測，人隨時有預料不到的禍福。

　　用來表示，感嘆世事好壞千變萬化，人生的禍福變化難料。

　　語見《紅樓夢》11回：「鳳姐聽了，眼圈兒紅了一會子，方說
道：『天有不測風雲，人有旦夕禍福。』這點年紀，倘或因這病
上有個長短，人生在世，還有什麼趣兒呢！」

　　不測：變化多端，不能預料。禍福：好歹，吉凶，災害福氣。

【34】

風吹有粟，薄福者受。

Hong chhoe pháⁿ-chhek, pȯh-hok-chiaⁿ siū.

如空粟之被風吹走，薄福者總是遭受災禍。

　　用來說明，人遭禍害的原因；臺灣民間普遍相信，薄福者遭
殃。這種斷言，很可能是命相家的說詞。請比較，「大風，吹有粟。」
(→32.09)

　　這句俗語，就是用「有粟」比擬「薄福」的人，用「風吹」擬指「災

禍」的襲擊。

　　冇粟：稻粒空虛。風吹冇粟：稻穀曬乾後，冇粟容易被風，或農家的風鼓吹走。

【35】

小鬼仔，贈堪得大幅金。

Sio-kuí-á, boē-kham-tit toā-pak-kim.

小鬼沒有享受豐富的祭祀之資格。

　　用來諷刺卑微的人，癡想，或已經獲得，非份的報酬。

　　小鬼仔：字面是指卑微的鬼，如「遊路將軍」、「水鬼」之流的；此處，指小人。大幅金：大型的金紙，如，燒給上天的「天公金」。

　　在台灣人的「莊嚴世界」，小鬼仔能安於「職位」賺得幾摺小銀紙，就很滿足，很平安了！可憐的小鬼是賺不了大幅金的。可是，在臺灣的「世俗世界」，小鬼個個鬼通廣大，都有辦法坐享「大幅金」的！人間如此倒行逆施，功德圓滿的「大神」，也徒嘆奈何了！

注釋

1. 連雅堂《台灣語典》，頁188。
2. 椅條[í-liâu]：狹長的木板椅。一條[liâu]椅條，通常坐得下四個成人，可容一個成人側躺其上。農閒時期的鄉村，在大榕樹下、竹薜[tek-phō]邊，常可看到光著上身，僅穿著內褲的大漢，躺在椅條上納涼、睡大覺的。
3. 燒王船[sio ong-chûn]：燒祭王爺船也。小形帆船，其中滿載祭品，燒獻給王爺，以求庇祐地方的清淨安寧。在祈安清醮的大祭典中，常常有燒王船的儀禮。
4. 連雅堂《台灣通史》，頁362。

5. 知影[chai-iáⁿ]：知道。代誌[taī-chì]：事情。

6. 詳見，馮作民：「大難不死，必有後福」一句的結語。在馮作民編註《格言諺語》(台北：偉正書局，1987)，頁67。

7. 三更⋯⋯半暝[saⁿ-kiⁿ poáⁿ-mî]：三更半夜，台語是説「三更半暝」。

第四節　生涯甘少苦多

本節分段：

快樂 01-05

困苦 06-41：　工作繁重 06-10　失業之苦 13-20

　　　　　　　缺乏無援 21-25　前途危難 26-28

　　　　　　　陷入絕境 29-35　遭受惡報 36-41

【01】

福至，心靈。

Hok-chì, sim lêng.

福氣當頭，心爽靈巧。

　　用來形容人在福中的心情。

　　語見《古逸詩》。又作「福至性靈」，如《官場現形記》第56回：

「也是他福至性靈，忽又想到一個絕妙計策。」

【02】

卅九日烏陰，抵著大日頭。

Siap-kaú-jit o·-im, tú-tioh toā-jit-thaû.

歷經長久陰暗的天氣，忽然遇見炎陽高照。

　　喻指憂愁不快的事情已經過去，現在心裡充滿著快樂。

　　卅九日：指長期，因台灣的陰天少有連續這麼久的。烏陰：天氣

陰暗，陰天也。大日頭：大太陽，大晴天。

【03】

人逢喜事精神爽，月到中秋分外明。

Jîn hông hí-sū cheng-sîn sóng, goa̍t tò tiong-chhiu hun-goā bêng.

喜事中人的精神爽快,中秋的月格外光亮。

形容人在喜事中的心情。

語出《續傳燈錄》卷28,又見《西游記》第35回:「這正是人逢喜事精神爽,悶上心來瞌睡多。」

【04】

久旱逢甘霖, 他鄉遇故知。

Kiú-hān hōng-kam-lîm, tha-hiong gū-kố-ti.

快樂的事莫如,長期乾旱得到天雨潤澤,在異鄉遇見老朋友。

喻指意外的,非常的高興。前一分句,也可以解釋做「渴望已久的事,終於得以實現了!」

語見《古今奇觀》卷23:「一個打煞許久,如文君初遇相如;一個盼望多時,如必正初諧陳女。分明久旱逢甘霖,他鄉遇故知。」

【05】

洞房花燭夜, 金榜題名時, 他鄉遇故知。

Tōng-pông hoa-chiok-iā, kim-pńg te-beng-sî, tha-hiong gū-kố-ti.

新婚夜,殿試及格,在異鄉遇見老朋友,是人生三大喜事。

意思和用法同上一句。

這句諺語流傳久遠,且以不同語序出現,如《容齋四筆‧得意失意詩》記有:「舊傳有詩四句誦世人得意者云,久旱逢甘雨,他鄉見故知,洞房花燭夜,金榜挂名時。好事者續以失意詩四句曰:寡婦攜兒泣,將軍被敵擒,失恩宮女面,下第舉人心。」

【06】

一日風，一日雨。

Chı̍t-jı̍t hong, chı̍t-jı̍t hō͘.

風雨連連交襲。

　　喻指生活過得很艱難，正如風雨不斷吹襲的日子。

【07】

一頭擔雞，雙頭啼。

Chı̍t-thaû taⁿ-ke, siang-thau-thî.

挑在肩頭上的雞在啼，留在家裡的幼兒也在哭叫。

　　喻指工作和生活困難，無法兼顧。

　　林本元在注釋中說：「一邊挑雞，輕重旣不平衡，一邊啼，一邊哭，所以會雙頭啼，莫非有些苦情。」❶「苦情」當然有，可能就如吳瀛濤所說的：「謂中年失偶，將使幼小兒得不到幸福而哭不已，偏偏雞又賣不出去，雞也啼，家裡兒女也挨餓而哭，謂其窮苦。或解爲左右爲難。」❷

　　一頭……雙頭：原指，肩夫挑擔子，一邊一擔，曰「一頭」；左右二擔，是謂「雙頭」；頭，也指「方面」，如，「頂頭」。

【08】

早起，討無下昏頓。

Cha-khí, thó-bō e-hng-tǹg.

整天勞苦工作，連晚飯錢也賺不到。

　　是說，工作重，收入少，生活非常艱苦。

　　早起：早上。討：討生活，工作也。下昏：下午。下昏頓：晚餐也。頓，餐食，如，三餐稱爲「三頓」。

【09】

師公食, 和尙睏。

Sai-kong chiảh, hoe-siūⁿ khùn.

像道士、和尚一般的生活。

　　用法有二：一、用指工作忙碌，生活緊張，有如祭醮中的道士，修行中的和尙，忙得沒有時間吃飯睡覺。二、用做反諷，譏刺那懶惰，又愛吃貪睡的人。此一用法的背景是：原來在祭祀中的道士，應該是忙碌得沒有時間飽食的；坐禪修行的和尙，坐禪靜觀不敢睡覺。但是，道士以及和尙，卻反其道而行。

　　食……睏：吃飯、睡覺，喩指生活。

【10】

三更無眠, 四更無睏。

Saⁿ-kiⁿ bo-bîn, sí-kiⁿ bo-khùn.

就是到了半夜，到了清晨，還不能睡覺。

　　喩指工作的時間長，得不到充足的睡眠。

　　三更：晚上10至12時。四更：晚上12時到明天早上二時。

【11】

呣去無米, 要去烏陰。

M̄-khì bo-bí, beh-khì o·-im.

不出去工作的話，家中已經沒有米糧；要的話，卻是陰天。

　　諷刺那些以工作爲苦楚，或不願意勞動的人。

【12】

呣去無頭路, 要去無法度。

M̄-khì bo-thau-lō·, beh-khì bo-hoat-tō·.

不去，會失業；去的話，沒有辦法。

　　用指，工作和生活難以兼顧。

　　這句俗語有個典故，林本元說是：「民國45年11初，台灣省政府令所屬各機關疏散中部……一部分有夫之婦，不便分居，無法偕行，不去又怕失職，陷於進退兩難的苦境，故有此語。」❸

　　頭路：工作，職業。無法度：沒有辦法。

【13】

做石磨仔心。

Chó chiòh-bo-a-sim.

充當磨難的核心。

　　喻指個人承擔家庭，或團體的所有麻煩和困難。

　　石磨仔心：是石磨下屯的中軸，其主要功用在於承合上屯石磨，做為它旋轉輾磨的軸心。此處，乃是用人的心身來比喻「石磨仔心」，以形容承當精神、肉體的緊張和痛苦的情形。

【14】

滿面全狗蟻。

Moá-bīn choan kau-hiā.

螞蟻爬滿著整個臉面。

　　喻指纏上摔不掉的大麻煩。

【15】

活人慘，死人快落籠。

Oah-lâng chhám, si-lâng khoái loh-láng.

未亡人凄慘難以渡日，死人則入土為安。

　　用指逝世的人，留給未亡人和家屬，難以解決的困難。

【16】

一二三，五六七八九十——無捨施。

Chit-nn̄g-saⁿ, gō͘-la̍k-chhit-peh-kaú-cha̍p—bo-sía-sì.

十缺四，無捨施。

　　對不幸的人或事件，表示「可憐」。用時請注意，此句是厥後語，戲謔成分高，使同情心，流爲輕薄。

　　無捨施：眞可憐也！原來：這些數字中沒有「四」，台語說是「無寫四」，據以轉音做「無捨施」。無捨施，乃是對苦難者，不忍之心；但是「捨施」[siá-sì]，指的卻是「不情願的捨棄」，例如，對一個賴賬的人說：「你若是厚面皮，獪曉見笑，我著捨施你。」

【17】

苦匏連根苦，甜瓜透蒂甜。

Khó͘-pû len-kin-khó͘, tiⁿ-koe thaú-tí-tiⁿ.

苦的胡瓜，連根也苦澀；甜的瓜果，就是它的果蒂也甘甜。

　　是說，苦命的人，他的一切都是苦的；好命的，什麼都好。這可能是命相家之言，但卻是台灣民間一般人對命運的見解。

【18】

滯於苦瓜園，三頓串食苦瓜湯。

Toà-tī kho͘-koe-hn̂g, saⁿ-tǹg chhoán-chhia̍h kho͘-koe-thng.

住在苦瓜園，三餐吃的儘是苦瓜湯。

　　這是艱苦人的自嘲。眞是極盡凄涼之美的一句俗語，用了「苦瓜園」、「苦瓜湯」和「吃苦瓜湯」，來做「苦不了」的形像描述，眞是苦得「無捨施」啦！

　　滯：住、居。苦瓜：一年生攀援草本，瓜呈長橢圓形，或卵形，

全體有不整齊的小瘤狀突起，成熟時呈淡乳黃色。採收期在秋後，其瓜果、花、藤、根，都是藥材，其性苦寒，有清暑退熱，明目，解毒的藥效。❹

　　這百年來，台灣農業技術高度發達，連苦瓜也改良得瓜肉細膩，苦甘恰恰好，很適合生吃。做法是：去籽、洗淨、切片，冰涼後，搵美乃滋，或蒜絨豆油。那眞是可口又健康的一道小菜，吃起來並不比阿母煮的，傳統的「苦瓜魚脯蔭鼓湯」差呢！看來，大部分的台灣人，是已經脫離「三頓串食苦瓜湯」的苦境了。

【19】

黃柏樹頂彈琴─苦中作樂。

Ng-pek chhiū-téng toaⁿ-khîm─khó͘-tiong chok-gák.

　　厥後語，戲謔地形容那生活在痛苦的中人，猶圖玩樂，就像在黃柏苦樹上彈琴作樂。這句俗語是應用「黃柏苦樹」和「彈琴作樂」的苦樂形像的矛盾結合，來表現苦中作樂的衝突。

　　黃柏：落葉喬木，高10-25公尺，樹皮外層爲灰色，內皮鮮黃色，故名。十年以上的黃柏的內皮可做藥材，其味苦辛，其性寒平。❺

【20】

有船, 無港路。

Ū-chûn, bo káng-lō͘.

有船隻，沒有港口。

　　借喻船之沒有進出的港口，漂泊於汪洋大海，來比喻懷才不遇。是失意者自哀自嘆的話。

　　港路：海港，碼頭。

【21】

無米，兼閏月。

Bo-bí, kiam lūn-goe̍h.

米糧已盡，又逢閏月。

　　用來形容，綿延不斷的缺乏、艱難的生活，正如年之遭逢閏月，加長了磨難的日子。

　　閏月：月亮繞地球，每年少於地球公轉年約十日有奇，積此奇零數而成的月分。

【22】

有手伸無路，有脚行無步。

Ū-chhiú chhun bo-lō͘. ū-kha kiaⁿ bo-pō͘.

手無處伸展，脚不能行動。

　　用來形容，找不到工作的「無能感」。

　　有手……有脚：指雙手有一技之長，雙脚願意行動。伸無路……行無步：表面是「手無處伸展，脚不能行動」，裡面的意思是說，手不能發揮所長，脚進不了工作的地方。失業了！

【23】

內無糧草，外無救兵。

Laī-bo niu-chhaú, goā-bo kiú-peng.

糧盡援絕，毫無希望。

　　用指生活陷入嚴重的缺乏，處境危急，而又沒有救援的希望。

【24】

前無救兵，後無糧草。

Chêng-bo kiú-peng, aū-bo niu-chhaú.

意義和用法同上一句。

【25】

叫天天膾應，叫地地膾應。

Kió-thiⁿ thiⁿ boē-ìn, kió-tē tē boē-ìn.

天地，不理呼救的哀號。

　　比喻情況十分困難危急，而又求救無門。用指，處身絕境。

　　膾應：不回答，不做聲。叫天……叫地：求助於天地。可說是人類原始的，帶有宗教性質的依賴天地的感情。我們不可不知，天地是台灣人最後求救的對象：通常有了大困難的事情發生時，先是求於自己，其次求於他人，最後呼天喚地，問神求佛。

【26】

前嶺未是崎，後嶺卡崎壁。

Cheng-niá boē-sī kiā, aū-niá khah-kiā piah.

眼前的山嶺並不很陡，再過去的就像絕壁了。

　　用指目前的處境雖然困難，但可預見的前途，卻是更加艱難。

　　未是崎……，……卡崎……：分析而言，前一分句的形容詞「崎」是平常級，後一分句的「卡崎」是比較級，用比較詞「卡」來表示，例如，「屏東的熱天未是熱，馬尼拉的熱天卡熱火爐。」

【27】

進無步，退無路。

Chìn bo-pō͘, thè bo-lō͘.

無法進退。

　　用來形容陷入絕地的艱難。

　　步……路：此二字除了「脚步」和「道路」的根本意義之外，此處有「方法」和「可能」的意思。

【28】

上天無步，入地無路。

Chiūⁿ-thiⁿ bo-pō·, jip-tē bo-lō·.

上天下地都不可能。

是說，目前的困難沒有辦法解決。用來發洩，處境艱難無助
的哀嘆。

【29】

阿里山苦力─碰壁。

A-lí-san ku-lí─pōng-piah.

阿里山的開山工人，四處碰壁。

嘲諷那身無分文，走頭無路的艱苦人。這句厥後語，戲謔地
用開山的「磅」壁工人，來指身無分文的「碰」壁窮人。

阿里山：在嘉義和南投境內，是台灣中央山脈的森林觀光區，其
最高峰為2663公尺。她有名聞世界的登山火車，爬越無數嶺頭，穿過
50個山洞，跨越77座懸掛在無底山谷上的鐵橋。這條令人懷念難忘的
鐵路，開山架橋的阿里山苦力和工程師一樣，勞苦功高。苦力：出賣
勞力的工人，如運輸工人稱為「運送苦力」。❻碰壁：有二種解釋，一、
炸石壁，開山路的爆破；炸，又稱「磅」[pōng]。二、沒有錢也。人一旦
沒有錢，就四處行不通，也就處處「碰」壁了！

【30】

頷頸仔生瘤─抵著。

Ām-kún-á seⁿ-liû─tú-tiô.

頸上的腫瘤，「對上了」下巴。

用做遭遇苦難，艱苦的嘆息。這句厥後語，是應用[tú-tiôh]
這個音義的「抵著」和「遇到」的雙關特性來構成的。而形象比喻是

應用腫瘤「抵著」下巴的痛苦，來比擬人「遇到」[tú-tiò]了大麻煩的苦楚。

　　頷頸仔：頸部。抵著：抵住、遇到。

【31】

猴，迫上旗杆頂─盡磅。

Kaû, pek-chiūⁿ ki-koaⁿ-téng─chīn-pōng.

猴逃上了旗杆的頂端，無處躲了。

　　用來表示，事態嚴重，已經沒有迴旋的餘地，如猴子之被迫上杆端。厥後語，用「旗杆頂」的表象，來比喻人生境遇的絕境，「盡磅」。

　　盡磅：盡頭也。盡磅，原指重量超過秤所能稱的限度；磅，大秤。

【32】

瓌得生，瓌得死。

Boē-tit siⁿ, boē-tit sí.

活不了，死不去。

　　用指纏上了無法解脫的困難。生死既然不能，還有什麼能的？豈不是，只「能」忍受那「不能」忍耐的痛苦？真是「無法度」之極！

【33】

要死，瓌得斷氣。

Beh-sí, boē-tit tīg-khuì.

將死之人，卻未能安然逝去。

　　用指情勢惡劣，無法可想，僅是苟延殘喘而已矣。

【34】

要死，欠一條索仔。

Beh-sí, khiám chit-tiau soh-á.

手頭要是有繩子，就投環自盡算了。

　　用來自嘲，喻指境遇至慘，離死不遠。

　　索仔：繩索。

【35】

世上萬般愁苦事，不如死別與生離。

Sé-siōng ban-poaⁿ chhiu-khó͘-sū, put-jû sú-pȧt ú seng-lī.

生離死別是世上最愁苦的事。

　　語見，《格言諺語》。這句名言，有力地斷言著死別與生離的痛苦。筆者，對這此語有深感焉！有感述懷數行：

　　　　生離有時是甘苦的矛盾，

　　　　交織著主動和被動的兩難，

　　　　但有虔誠的祝願：

　　　　健康！平安！快樂！幸福！

　　　　生離含著無限的期盼，

　　　　心心念念，

　　　　想想看看，

　　　　卡大漢、卡有才能，閣卡興盛！

　　　　生離的缺憾應該可能彌補，

　　　　須要情意，

　　　　夠用的錢，

　　　　好的護照，

電話、電腦、車船、飛機，
縮小長線的二端成爲一點！
死別是那麼絕對無情，
強拆生死之間不能離捨的情愛，
粉碎刻骨銘心的美憶，
時間成爲幫兇沖散夢寐的倩影，
腦海漸漸地只剩下混沌，
心窩裡一團團糟的悵惘。

死別暴露了生命的孤獨！
儘管數十年的和鳴琴瑟，
那怕二代間的慈孝親情，
都化成擦肩而過的旅人，
各自走進黃泉、陰間、地獄，
單獨飛升西天、淨土、天堂。

(Hamburg 1996.7.30)

【36】

苦債未盡，業債未滿。

Khó-chè bī-chīn, gia̍p-chè bī-moá.

還不了的債務，報不盡的業債。

　　常用來自嘆，所遭受到的苦楚，是宿命的報應。這是很沉重的哀怨。

　　這句俗語的形式是同義對偶句型：「苦債」對「業債」，「未盡」對「未滿」，有力地突顯著所對上的，都是未完未了的債務！看來，

還清債務是遙遙無期的了。

　　苦債：以「受苦」來還償的債務，不一定是錢債。業債：業報也，是說現在的苦難原是業報。業報，是佛家語，指前世所做的過惡業障，今世遭到報應償還。

【37】

水鬼，夯重枷。

Chuí-kuí, gia-tāng-kê.

水鬼受枷刑。

　　常用來自歎命苦，說境遇原就惡劣，現在又增加了許多新的苦難。句子的形像表現是這樣的：人溺為水鬼，一慘，加上，他被打入地獄夯重枷，再慘！真是慘上加慘，苦上加苦了！

　　夯枷：有二義，艱苦如受枷刑和累贅麻煩。此處當做「枷刑」解釋。夯，負、舉也，如「夯鐵輪。」❼第二個意義的「夯枷」是常用的，例如：某鄉親來訪，剛好看到隔壁年近五十歲的媽媽，忙著照顧在我們客廳地毯上爬行的小寶寶。我們用「同情的」語調說：「這位呂太太真忙，家裡有一對上高中的孩子，一個讀小學一年級的……」話還沒說完，誰知鄉親素素的給我們回了一句：「多無咧夯枷!?」❽

【38】

一人苦一項，無人苦相像。

Chit-lâng khó͘ chit-hāng, bo-lang bhó͘ sio-siāng.

人各有不同的苦處。

　　苦命人用來自嘲命苦，感嘆境遇艱難。這句話，有力地斷言，人生受苦的多樣性和普遍性。

【39】

卡慘落油鼎。

Khah-chhám lȯh-iû-tiáⁿ.

慘況甚於烹炸於鼎。

用來形容所遭遇到的禍害淒慘至極。

落油鼎：這句俗語的背景，可能是廚房的煎炸鮮魚，也可能是民間信仰「十殿閻羅王」，第七殿泰山王轄下的「油鑊地獄」。苦難的煎熬，用這二幅圖像來形容，實在是「眞無捨施！」(→34.16)

【40】

一尾魚，落鼎。

Chȧt-boé hî, lȯh-tiáⁿ.

鮮魚入鼎。

用指，陷入危急無救的絕境。以鮮魚之入熱鼎爲比喻。

本句是「甲那一尾魚，落油鼎」的省略；甲那[kah-nah]，宛如、正如。

【41】

落十八層地獄。

Lȯh chȧp-peh-têng tē-gȧk.

被打入最深的地獄。

有用來自咒，或咒他。喻指痛苦絕望，有如沉淪受苦於十八層地獄。

十八地獄：佛教傳統的地獄，按《十八泥梨經》所載，地獄有十八；台灣民眾道教的是「十殿閻羅」的地獄。不論那一類地獄，「地獄」總是象徵著罪孽、報應、痛苦、絕望。當然，它也是渴望解脫、救渡、超生的記號。

注釋

1. 林本元「台灣成語解説」《台灣風物》(1954年4卷10期)，頁21。

2. 吳瀛濤《台灣諺語》，頁7。

3. 林本元「台北人講台北話」《台北文物》(1957年5卷4期)，頁80。

4. 參看，江蘇新醫學院《中藥大辭典》，頁1281。

5. 參看，同上引，頁2031-2036。

6. 運送苦力[ūn-sáng ku-lí]：五十年代以前的台灣，在碼頭、車站、運送店，都僱有用身體背負貨物，或用板車運送東西的工人，他們被叫做「運送苦力」。凡是不需要技術的勞動者，也叫做苦力。有趣的是，德國火車站給旅客載行李箱的小三輪推車，叫做「行李箱苦力」(der Kofferkuli)。至於「苦力」一詞的語源，可能來自印度原住民Kuli族的族名，因爲該族以輸出勞動力而聞名。另一個可能性是，來自南印度坦米尼語的「工錢」(kuli)(看，《大英百科全書》"coolie")。至於臺語的「苦力」，原是日語，日本人譯自coolie或kuli的。所以，「苦力」的讀音，不是[kho·-lėk]，也不是[khó·-la̍t]，而是仿日語，或按原語讀做[ku-lí]。

7. 夯鐵輪[gia-thih-lián]：舉重也。

8. 素素[só·-sò·]：形容簡短冷淡的話語。多無咧夯枷!? [To-bo-leh　gia-kê.]：豈非夯枷!?「多無咧」：意思是「豈不是」、「莫非」，用來加強否定的語氣。

本卷索引

一、發音查句索引

說明：

一、以諺語的自然發音爲準，按照台灣話羅馬字字母順序排列。

二、諺語的索引號碼是依照本文的「章節」和該句在節裡的「次序」構成的。

三、諺語的索引號碼用「小數點」表示章節單位，小數點左邊的數字，是「章節」，而右邊的是「諺句」。例如：「阿里山苦力—碰壁。」的諺語索引號碼是「34.29」，表示這句諺語在：第三章、第四節、第二十九句。

四、同字異音，如文白二音，仍然按照不同的發音，分開排列的，例如：「一」字，有[chit]和[it]二音，所以在CH和I，可找到有關該音開頭的諺語。依此，有「十」，[chap]、[sip]；「人」，[jîn]、[lâng]；「三」，[san]、[sam]；「老」，[laū]、[ló]；「有」，[iú]、[ū]等等。

五、一句諺語可分爲二類以上的，則有二個以上的不同號碼，例如：

老的老步定，少年較懂嚇。	22.11;24.17
無風無搖，倒大欉樹。	13.15;33.32
囝仔放尿漩過溪，老人放尿滴著鞋。	21.07;24.09

A

a	阿里山苦力—碰壁。	34.29
ām	頷頸仔生瘤—抵著。	34.30

ang	紅柿出頭，羅漢脚目屎流。	31.40
B		
báng	蚊蟲，也過一世人。	14.19
beh	要買肉，抵著禁屠。	31.11
	要買茱，抵著掘茱股。	31.09
	要買魚，抵著風颱。	31.10
	要去紅膏赤蠘，轉來鼻流涎滴。	32.02
	要死，欠一條索仔。	34.34
	要死，膾得斷氣。	34.33
bē	賣囝無囝名，賣田無田通行。	31.29
bí	米甕，敲銅鐘。	31.17
	米甕弄鐃，鼎吊上壁。	31.18
bī	未知生，焉知死。	13.28
bo	無米，兼閏月。	34.21
	無錢，人上驚。	31.50
	無風無搖，倒大欉樹。	13.15;33.32
	無日毋知晝，無鬚毋知老。	24.02
bó·	某囝，著寄人飼。	31.21
boē	未注生，先注死。	13.01
	未曾斷尾溜，就會作譴。	22.06
	未落湳，先食落湳米。	32.20
	膾得生，膾得死。	34.32
bȯk	莫笑他人老，終須還到我。	24.38
CH		
cha	查某囝仔，十八變。	12.07

	查某囡仔，油麻菜籽命。	12.08
	查某囡仔，韭菜命。	12.09
	查某囡仔，乞食工藝也著學。	12.21
	查某囡仔人，捻頭飼會活。	12.10
	查某唔認醜，查埔唔認戇。	12.06
	查某，放尿漩𣣺上壁。	12.19
chá	早起，討無下昏頓。	34.08
chaî	財甲新艋，勢壓淡防。	31.55
	財勢力，三字全。	33.14
	財丁貴，三字全。	33.13
	財丁壽，三字全。	33.12
chaī	在細像茄栽，飼大羊帶來。	21.14
chap	十七八少年家，好花正當時。	22.03
	十七兩，翹翹。	13.14
	十個查某，九個嬈。	12.12
	十個老歲仔，九個囂韶；十個後生，九個下消。	24.26
	十二條靈魂挣一間。	11.09
	十老，九膨風。	24.25
	十八，二二是青春。	22.02
	十八歲查某囝，揖壁趖。	22.05
chau	走賊，抵著虎。	32.22
chē	坐得食，倒得放。	31.63
cheng	前無救兵，後無糧草。	34.24
	前門拒虎，後門進狼。	32.23
	前嶺未是崎，後嶺卡崎壁。	34.26

chîⁿ	芷瓜無瓤，芷子無肚腸。	21.09
chîⁿ	錢無，人著軟趖。	31.44
chia̍h	食泔糜，配菜脯。	31.15
	食肉食三層，看戲看亂彈。	33.06
	食無錢米，做無錢工課。	32.03
	食凊，眠宮。	33.02
	食老，老顛倒。	24.24
	食老，變相。	24.20
	食老，倒勼。	24.04
	食老，倒少年。	24.22
	食老三項醜，加嗽、泄尿，兼滲屎。	24.10
	食父母飯，穿父母裘。	33.04
	食，山珍海味；穿，綾羅紡絲。	31.59
chìn	進無步，退無路	34.27
chit	這時不比彼時，這霎不比彼霎。	32.38
chi̍t	一尾魚，落鼎。	34.40
	一千無份，八百無份，刣頭照輪。	33.30
	一個人，九葩尾。	14.07
	一歲一歲差，倒落眠床嘛快活。	24.11
	一樣米，飼百樣人。	11.20
	一樣生，百樣死。	13.12
	一日風，一日雨。	34.06
	一枝草，一點露。	14.03
	一枝草一點露，隱龜的食雙點。	14.04
	一劫，過一劫。	32.25

	一更報喜，三更報死。	33.29
	一人苦一項，無人苦相像。	34.38
	一二三，五六七八九十—無捨施。	34.16
	一碗食，一碗蓋。	31.13
	一世人，親像做人客。	14.15
	一頭擔雞，雙頭啼。	34.07
chiūn	上卅，燴攝。	23.06
	上天無步，入地無路。	34.28
chó	做石磨仔心。	34.13
	做好死了上天堂，做歹死了落地獄。	13.27
	做人著磨，做牛著拖。	14.02
	做雞著筅，做人著扳。	14.01
	做生理做到刮牛，做穡做到扱蕃藷。	32.01
chuí	水，照圳行。	13.05
	水鬼，夯重枷。	34.37
	水鬼，升城隍。	31.61

CHH

chhâ	柴空，米糧盡。	31.16
chhân	田無一區，海無一株。	31.30
chhaú	草尖自細尖，草利自細利。	21.13
	草地鑼鼓—一冬一冬慘。	32.39
chhe	妻離子散，家破人亡。	32.40
chhek	粟仔若老家己開，射榴若老家己破。	22.08
chhen	千年田地，八百主。	32.36
chhī	飼雞，變伯勞。	32.15

chhín	凊面，煦人燒尻川。	31.52
chhit	七十無拍，八十無罵。	24.39
	七十三，八十四，閻羅王冤叫，家己去。	13.07
	七唔，八笑。	32.19
	七抵，八唔著。	32.18
chhiú	手尾冷，耳孔鱠利。	24.08
	手不動三寶。	33.01
chhun	伸手，碰著壁。	31.33

E

| eng | 英雄出少年。 | 22.10 |

G

gān	雁叫一聲，散人一驚。	31.39
gia	蜈蚣，走入狗蟻岫。	32.08
gin	囡仔人尻川三斗火，也會煮飯，也會炊粿。	21.08
	囡仔人，跳過溝，食三甌。	21.06
	囡仔怨無，無怨少。	21.10
	囡仔放尿漩過溪，老人放尿滴著鞋。	21.07;24.09
	囡仔三歲朝皮，五歲朝骨。	21.04
gō͘	五十歲食父，五十歲食囝。	33.05
goêh	月光，鱠曝得粟。	12.15
	月過十五光明少，人到中年萬事休。	23.09
gōng	戇的，猶有一項會。	14.05
	戇的合巧的，行平遠。	14.06
gû	牛瘦無力，人散白賊。	31.43
	牛有料，人無料。	14.08

H

hīⁿ	耳仔後無銹，查某查埔就會變。	22.07
hia	搖擺，無落衰的久。	32.31
hîm	茅草竿若利，出世著會割人。	21.12
ho·	胡蠅，惹衰脚。	32.11
hó·	虎，對天裡交落下來。	32.24
hō·	戶口枋仔，吊於電火柱。	32.41
	雨落四山，終歸大海。	13.09
hó	好食，好眠，好放屎。	33.03
	好額到，繪得落樓梯。	31.28
	好額到流出來。	31.56
	好死，不如歹活。	13.30
hoê	歲壽，該終。	13.06
hok	福無雙至，禍不單行。	33.31
	福至，心靈。	34.01
hong	風吹有粟，薄福者受。	33.34
	風箏斷了線，家伙去一半。	32.04
hù	富嫌千口少，貧恨一身多。	31.66
	富人讀書，窮人養豬。	31.68
	富家一席酒，窮漢半年糧。	31.65
hū	父母恩深將有別，夫妻義重也分離。	13.21
hûn	雲裡，跋落月。	33.17

I

îⁿ	圓人會扁，扁人會圓。	14.09
iap	葉落九洲，根同一處。	13.11

iau	枵狗呣驚箠，枵人無惜面皮。	31.41
	枵雞，筅壁脚。	31.04
	枵雞呣惜箠，枵人無惜面皮。	31.42
in	因禍，得福。	33.21
it	一人三子，六代千丁。	11.06
	一家富貴，千家愁。	31.74
	一割喉，二上吊。	13.16
	一了，百了。	32.07
	一代興，二代窮，三代落攤。	32.33
	一代舐鹽搵醋，二代長衫鬖褲，	
	三代典田賣租，四代香爐匼於街仔路。	32.34
iú	有錢難買命。	11.11;32.34
	有錢，難買少年時。	22.01
iû	遊府食府，遊縣食縣。	33.09
J		
jiá	惹熊惹虎，呣通惹著刺查某。	12.14
jîn	人命關天。	11.10
	人，莫有所長。	11.16
	人無千日好，花無百日紅。	33.27
	人之初，性本善。	11.21
	人外有人，天外有天。	11.15
	人逢喜事精神爽，月到中秋分外明。	34.03
	人如風中燭。	14.17
	人窮志短，馬瘦毛長。	31.45
	人老心未老，人窮心莫窮。	24.32

	人貧志短，福至心靈。	31.70
	人怕老，債怕討。	24.28
	人生親像大舞臺，苦齣笑詼攏總來。	14.11
	人生七十，古來稀。	24.36
	人生富貴休歡喜，莫把心頭做火燒。	31.76
	人生一世，草生一春。	14.16
	人生有酒須當醉，何曾一滴到九泉。	14.22
	人生如朝露。	14.18
	人生不滿百，常懷千歲憂。	14.13
	人生似鳥同林宿，大限來時各自飛。	13.22
	人身小天地。	11.07
	人道誰無煩惱？風來浪也白頭！	14.12
	人爲萬物之靈長。	11.13
jiok	逐三頓，食無飯。	31.06
K		
kam	甘蔗，老頭甜。	24.33
	甘瓜苦蒂。	24.34
kaû	猴精，照日。	31.02
	猴脚，猴爪。	21.05
	猴，迫上旗杆頂—盡磅。	34.31
ke	雞母啼是禍，呣是福。	12.17
	雞角啼應該，雞母啼著刣。	12.18
	家伙了，秀才無。	32.05
kiâ^n	行著，卯字運。	32.10
	行運，無失時的久。	32.30

kió	叫天天艙應，叫地地艙應。	34.25
kiú	久旱逢甘霖，他鄉遇故知。	34.04
kiu	求平安，唔敢求添福壽。	14.14
kng	光光月，唔值著暗暗日。	12.16
ko·	孤貧枵，三字全。	32.28
	孤貧苦，三字全。	32.27
	孤貧不死，富貴早亡。	13.25
koaⁿ	棺柴貯死，無貯老。	13.13
koah	割喉，無血。	31.35
koan	觀音媽面前，無好死因仔。	11.24
	高椅坐，低椅掛脚，食飯配豬脚，燒茶捧來哈。	33.07
koe	瓜細，籽熟。	22.09
koè	過橋卡濟你行路，食鹽卡濟你食米。	24.27
	過年卡快，過日卡奧。	31.22
kut	骨頭，好拍鼓。	13.23
KH		
kha	尻川坐於米甕，手摸於錢筒。	33.16
	脚踏人的地，頭戴人的天。	31.32
khah	卡慘落油鼎。	34.39
	卡散死人。	31.38
khí	去互鬼拍著。	32.26
	去蘇州，賣鴨卵。	13.10
khiau	蹺脚，撚嘴鬚。	33.08
khit	乞食，死在馬槽內。	13.17
	乞食，也是一世人。	14.20

	乞食婆，也無空厝間。	31.23
kho·	苦債未盡，業債未滿。	34.36
	苦苳連根苦，甜瓜透蒂甜。	34.17
khong	孔子公，也唔敢收人隔暝帖。	33.28

L

laī	內無糧草，外無救兵。	34.23
lak	橐袋仔，袋磅籽。	31.24
lam	荏荏馬，嘛有一步踢。	11.17
	荏荏查埔，卡嬴勇勇查某。	12.01
lâm	男人七寶之身，女人五漏之体。	12.02
	男人三十一枝花，女人三十老人家。	12.04;23.02
	南斗注生，北斗注死。	13.02
lâng	人，燴掛得無事牌。	33.25
	人一下衰，種苳仔發菜瓜。	32.13
	人一下衰，熊水也稠鍋。	32.14
	人的心，都是肉做的。	11.22
	人過四十，天過畫。	23.07
	人驚老，豬驚肥。	24.29
	人若衰，種苳仔生菜瓜。	32.12
	人生咱，咱生人。	11.05
	人有三魂七魄。	11.08
	人有人威，虎有虎威。	11.14
laū	老，燴哺土豆。	24.06
	老罔老，卡有牽挽。	24.13
	老的，老步定。	24.16

	老的老步定，少年卡盪嚇。	22.11;24.17
	老牛，展春草。	24.23
	老到，艙哺豆腐。	24.07
	老甘蔗，老根節。	24.19
	老猴，無粉頭。	24.03
	老瓜，熟籽。	24.18
	老骨定吭吭，老皮艙過風。	24.14
	老人，成細囝。	24.21
	老，扒無土豆。	24.05
	老神，在在。	24.15
lêng	寧食少年苦，不受老來窮。	22.04
lí	你想，江山萬萬年？	33.24
ló	老爹過渡—佳哉！	33.11
lŏh	落十八層地獄。	34.41
lŏk	鹿，食火灰。	31.01
	鹿耳門寄普。	32.43
lú	女子無才，便是德。	12.20
	女人心，海底針。	12.13
M		
m̄	呣去無米，要去烏陰。	34.11
	呣去無頭路，要去無法度。	34.12
moá	滿面全狗蟻。	34.14
N		
n̂g	黃柏樹頂彈琴—苦中作樂。	34.19
nî	年驚中秋，人驚卅九。	23.08

| niau | 鳥鼠尾，促無膿。 | 31.36 |
| nng | 二歲乖，四歲睏，五歲上歹。 | 21.02 |

O

| oá | 倚山山崩，倚壁壁倒，倚豬稠死豬母。 | 32.21 |
| oa̍h | 活人慘，死人落籠。 | 34.15 |

P

pah	百行，百了。	32.06
pīⁿ	病無藥，死無草蓆。	31.37
pîⁿ	棚頂有彼號人，棚脚也有彼號人。	14.10
pîn	貧而無怨難，富而無驕易。	31.75
	貧窮自在，富貴多憂。	31.77
	貧窮，起盜心。	31.47
png	飯籬吊韆鞦，鼎蓋水內泅。	31.19
pù	富的富上天，窮的窮寸鐵。	31.67
put	不怕少年苦，只怕老來窮。	24.31

PH

phah	拍斷手骨，顛倒勇。	33.19
phaiⁿ	歹人，長歲壽。	13.24
phîⁿ	彭祖走到不死洲，也是死。	13.08
phīⁿ	鼻孔向落，無一個好人。	11.23
phoá	破厝漏鼎，苦死某囝。	31.20

S

saⁿ	三十無娶某，講話臭奶呆。	23.04
	三十無見囝，終身磨到死。	23.05
	三十歲查埔是眞童，三十歲查某是老人。	12.03;23.01

	三十歲後，則知天高地厚。	23.10
	三創，四呣著。	32.16
	三歲乖，四歲睚，五歲押去刣。	21.03
	三歲看到大，七歲看到老。	21.11
	三更無眠，四更無睏。	34.10
	三人扛，四人扶	31.62
	三碗飯，二碗菜湯。	31.08
	三條茄，呣值著一粒蟯。	12.22
	三頓前，二頓後。	31.07
	三抵，四呣著。	32.17
sam	三寸氣在千般用，一旦無常萬事休。	13.19
	三代粒積，一代開空。	32.32
sai	師公食，和尚睏。	34.09
saí	塞翁失馬，焉知非福。	33.20
san	山中有直樹，世上無直人。	11.25
	山中猶有千年樹，世上難逢百歲人。	24.37
sán	瘦肉，濟筋。	31.46
	瘦蟳，相挾。	31.48
	瘦牛，相挨。	31.49
	瘦狗，抓沙。	31.03
sàn	散無散種，富無富長。	31.72
	散鬼互人驚，做婊坐大廳。	31.71
	散人無富親，瘦牛相碰身。	31.51
	散人也無散種，富人也無富在。	31.73
	散人想要富，閣添三年窮。	31.53

se^n	生有時，死有日。	13.03
	生不認魂，死不認尸。	13.20
sé	洗面於剃頭店，睏於豬砧。	32.42
sè	世上萬般愁苦事，不如死別與生離。	34.35
sek	夕陽無限好，只是近黃昏。	24.35
seng	身軀，斷錢銹。	31.25
	生爲正人，死爲正神。	13.26
sî	四十歲查埔是鸚哥，四十歲查某是老婆。	12.05;23.03
	四十過年年差，五十過月月差，六十過日日差。	24.12
	四枝釘，釘落去。	13.18
sî	時運命，三字全。	33.15
sia	賒死，卡贏現刣。	13.29
siá^n	啥人門口，會掛得無事牌？	33.26
siang	雙手，兩片薑。	31.26
	雙脚，挾一個卵脬。	31.27
siap	卅九日烏陰，抵著大日頭。	34.02
siáu	少年繪曉想，食老唔成樣。	22.12
	少年唔風騷，食老則想錯。	22.13
	少年若無一擺戇，路邊那有有應公。	22.14
sió	小鬼仔，繪堪得大幅金。	33.35
sip	十婦，九妒。	12.11
sú	死，無葬身之地。	32.29
T		
taī	大難不死，必有後福。	33.22
tang	東到普普，西到霧霧。	31.54

taū	豆豉粕，咬做旁。	31.14
tí	戴一個天，踏一個地。	31.31
tiau	朝爲田舍郎，暮入天子堂。	33.18
toá	滯於苦瓜園，三頓串食苦瓜湯。	34.18
toā	大舞台板鼓—這雲不比彼雲。	32.37
	大松樹，好蔭影。	31.58
	大風，吹冇粟。	32.09
toé	隨人收，隨人食。	31.05
tōng	洞房花燭夜，金榜題名時，他鄉遇故知。	34.05

TH

thai	刣雞，雞仔細。	31.12
tham	貪生，怕死。	13.31
choâ	蛇愛命，鼠也愛命。	11.12
thau	頭毛，臭雞酒味。	21.01
	頭毛，嘴鬚白。	24.01
	頭代油鹽醬醋，二代長衫綢褲，三代當田賣租，	
	四代賣囝賣某，五代賣公媽香爐。	32.35
then	天下，無不散之筵席。	14.21
	天有不測風雲，人有旦夕禍福。	33.33
	天不生無用之人，地不生無根之草。	11.19
	天不生，無祿之人。	11.18
	天怕秋日早，人怕老來窮。	24.30
	天生天化。	11.02
thiⁿ	天脚下大人物，天頂星來出世。	11.04
	天生地養。	11.01

thó·	土地公，流清汗。	31.57
thô·	土裡生，土裡養。	11.03
U		
ū	有錢日日節，無錢節節空。	31.64
	有錢踏金獅，無錢狗也來。	31.69
	有食於面，有穿於身。	31.60
	有一好，無二好。	33.23
	有船，無港路。	34.20
	有手伸無路，有腳行無路。	34.22
	有福，食外國。	33.10
	有路，無厝。	31.34
	有生，就有死。	13.04

二、筆劃查句索引

說明：

為節省篇幅，我們僅列出每句諺語的前七字。

1 劃

一了，百了。	32.07
一二三，五六七	34.16
一人三子，六代	11.06
一人苦一項，無	34.38
一千無份，八百	33.30
一日風，一日雨	34.06
一世人，親像做	14.15
一代舐鹽搵醋，	32.34
一代興，二代窮	32.33
一劫，過一劫。	32.25
一尾魚，落鼎。	34.40
一更報喜，三更	33.29
一枝草，一點露	14.03
一枝草一點露，	14.04
一個人，九葩尾	14.07
一家富貴，千家	31.74
一割喉，二上吊	13.16
一歲一歲差，倒	24.11
一碗食，一碗蓋	31.13

一樣生，百樣死	13.12
一樣米，飼百樣	11.20
一頭擔雞，雙頭	34.07

2 劃

七十三，八十四	13.07
七十無拍，八十	24.39
七抵，八姆著。	32.18
七匝，八笑。	32.19
二歲乖，四歲睚	21.02
人，莫有所長。	11.16
人，繪掛得無事	33.25
人一下衰，熊水	32.14
人一下衰，種匏	32.13
人之初，性本善	11.21
人外有人，天外	11.15
人生一世，草生	14.16
人生七十，古來	24.36
人生不滿百，常	14.13
人生如朝露。	14.18
人生有酒須當醉	14.22

人生似鳥同林宿　13.22
人生咱，咱生人　11.05
人生富貴休歡喜　31.76
人生親像大舞臺　14.11
人如風中燭。　14.17
人有人威，虎有　11.14
人有三魂七魄。　11.08
人老心未老，人　24.32
人身小天地。　11.07
人命關天。　11.10
人怕老，債怕討　24.28
人的心，都是肉　11.22
人為萬物之靈長　11.13
人若衰，種匏仔　32.12
人貧志短，福至　31.70
人逢喜事精神爽　34.03
人無千日好，花　33.27
人道誰無煩惱？　14.12
人過四十，天過　23.07
人窮志短，馬瘦　31.45
人驚老，豬驚肥　24.29
十七八少年家，　22.03
十七兩，翹翹。　13.14
十二條靈魂掙一　11.09
十八，二二是青　22.02

十八歲查某囝，　22.05
十老，九膨風。　24.25
十個老歲仔，九　24.26
十個查某，九個　12.12
十婦，九妒。　12.11

3 劃

三人扛，四人扶　31.62
三十無見囝，終　23.05
三十無娶某，講　23.04
三十歲後，則知　23.10
三十歲查埔是真　12.03;23.01
三寸氣在千般用　13.19
三代粒積，一代　32.32
三更無眠，四更　34.10
三抵，四唔著。　32.17
三條茄，唔值著　12.22
三創，四唔著。　32.16
三歲乖，四歲睏　21.03
三歲看到大，七　21.11
三碗飯，二碗菜　31.08
三頓前，二頓後　31.07
上天無步，入地　34.28
上冊，繪攝。　23.06
久旱逢甘霖，他　34.04
乞食，也是一世　14.20

乞食，死在馬槽	13.17	天怕秋日早，人	24.30
乞食婆，也無空	31.23	天脚下大人物，	11.04
千年田地，八百	32.36	孔子公，也呣敢	33.28
土地公，流清汗	31.57	少年呣風騷，食	22.13
土裡生，土裡養	11.03	少年若無一擺戇	22.14
夕陽無限好，只	24.35	少年膾曉想，食	22.12
大松樹，好蔭影	31.58	戶口枋仔，吊於	32.41
大風，吹有粟。	32.09	手不動三寶。	33.01
大舞台板鼓	32.37	手尾冷，耳孔膾	24.08
大難不死，必有	33.22	月光，膾曝得粟	12.15
女人心，海底針	12.13	月過十五光明少	23.09
女子無才，便是	12.20	歹人，長歲壽。	13.24
小鬼仔，膾堪得	33.35	水，照圳行。	13.05
山中有直樹，世	11.25	水鬼，升城隍。	31.61
山中猶有千年樹	24.37	水鬼，夯重枷。	34.37
4 劃		父母恩深將有別	13.21
不怕少年苦，只	24.31	牛有料，人無料	14.08
五十歲食父，五	33.05	牛瘦無力，人散	31.43
內無糧草，外無	34.23	**5 劃**	
天下，無不散之	14.21	世上萬般愁苦事	34.35
天不生，無祿之	11.18	卡散死人。	31.38
天不生無用之人	11.19	卡慘落油鼎。	34.39
天生天化。	11.02	去互鬼拍著。	32.26
天生地養。	11.01	去蘇州，賣鴨卵	13.10
天有不測風雲，	33.33	叫天天膾應，叫	34.25

四十歲查埔是鸚	12.05;23.03	早起，討無下昏	34.08
四十過年年差，	24.12	有一好，無二好	33.23
四枝釘，釘落去	13.18	有手伸無路，有	34.22
未注生，先注死	13.01	有生，就有死。	13.04
未知生，焉知死	13.28	有食於面，有穿	31.60
未曾斷尾溜，就	22.06	有船，無港路。	34.20
未落滴，先食落	32.20	有路，無厝。	31.34
瓜細，籽熟。	22.09	有福，食外國。	33.10
甘瓜苦蒂。	24.34	有錢，難買少年	22.01
甘蔗，老頭甜。	24.33	有錢日日節，無	31.64
生不認魂，死不	13.20	有錢踏金獅，無	31.69
生有時，死有日	13.03	有錢難買命。	11.11
生為正人，死為	13.26	死，無葬身之地	32.29
田無一區，海無	31.30	百行，百了。	32.06
卅九日烏陰，抵	34.02	米甕，敲銅鐘。	31.17
尻川坐於米甕，	33.16	米甕弄鐃，鼎吊	31.18
6 劃		老，扒無土豆。	24.05
光光月，啁值著	12.16	老，繪哺土豆。	24.06
因禍，得福。	33.21	老人，成細囝。	24.21
在細像茄栽，飼	21.14	老牛，展春草。	24.23
好死，不如歹活	13.30	老瓜，熟籽。	24.18
好食，好眠，好	33.03	老甘蔗，老根節	24.19
好額到，繪得落	31.28	老到，繪哺豆腐	24.07
好額到流出來。	31.56	老的，老步定。	24.16
年驚中秋，人驚	23.08	老的老步定，少	22.11;24.17

老罔老，卡有牽	24.13	妻離子散，家破	32.40
老爹過渡—	33.11	孤貧不死，富貴	13.25
老神，在在。	24.15	孤貧苦，三字全	32.27
老骨定吭吭，	24.14	孤貧杤，三字全	32.28
老猴，無粉頭。	24.03	拍斷手骨，顛倒	33.19
耳仔後無銹，查	22.07	東到普普，西到	31.54
行著，卯字運。	32.10	芷瓜無瓤，芷子	21.09
行運，無失時的	32.30	虎，對天裡交落	32.24
囝仔人，跳過溝	21.06	阿里山苦力	34.29
囝仔人尻川三斗	21.08	雨落四山，終歸	13.09
囝仔三歲朝皮，	21.04	唔去無米，要去	34.11
囝仔放尿漩過溪	21.07;24.09	唔去無頭路，要	34.12
囝仔怨無，無怨	21.10	**9 劃**	
7 劃		前門拒虎，後門	32.23
伸手，碰著壁。	31.33	前無救兵，後無	34.24
你想，江山萬萬	33.24	前嶺未是崎，後	34.26
坐得食，倒得放	31.63	南斗注生，北斗	13.02
求平安，唔敢求	14.14	某团，著寄人飼	31.21
男人七寶之身，	12.02	查某，放尿漩膾	12.19
男人三十一枝花	12.04;23.02	查某囝仔，十八	12.07
豆豉粕，咬做旁	31.14	查某囝仔，乞食	12.21
走賊，抵著虎。	32.22	查某囝仔，油麻	12.08
身軀，斷錢銹。	31.25	查某囝仔，韭菜	12.09
刣雞，雞仔細。	31.12	查某囝仔人，捻	12.10
8 劃		查某唔認醜，查	12.06

洞房花燭夜，金 34.05
洗面於剃頭店， 32.42
活人慘，死人落 34.15
紅柿出頭，羅漢 31.40
胡蠅，惹衰脚。 32.11
茅草竿若利，出 21.12
苦匏連根苦，甜 34.17
苦債未盡，業債 34.36
英雄出少年。 22.10
要去紅膏赤蟻， 32.02
要死，欠一條索 34.34
要死，繪得斷氣 34.33
要買肉，抵著禁 31.11
要買魚，抵著風 31.10
要買菜，抵著掘 31.09
風吹有粟，薄福 33.34
風箏斷了線，家 32.04
食，山珍海味； 31.59
食父母飯，穿父 33.04
食老，老顛倒。 24.24
食老，倒少年。 24.22
食老，倒勼。 24.04
食老，變相。 24.20
食老三項醜，加 24.10
食肉食三層，看 33.06

食泔糜，配菜脯 31.15
食清，睏宮。 33.02
食無錢米，做無 32.03
枵狗呣驚箠，枵 31.41
枵雞，笐壁脚。 31.04
枵雞呣惜箠，枵 31.42

10 劃

倚山山崩，倚壁 32.21
家伙了，秀才無 32.05
師公食，和尚睏 34.09
時運命，三字全 33.15
柴空，米糧盡。 31.16
病無藥，死無草 31.37
破厝漏鼎，苦死 31.20
滯於苦瓜園，三 34.18
草地鑼鼓—— 32.39
草尖自細尖，草 21.13
茌茌查埔，卡贏 12.01
茌茌馬，嘛有一 11.17
蚊蟲，也過一世 14.19
財丁貴，三字全 33.13
財丁壽，三字全 33.12
財甲新艋，勢壓 31.55
財勢力，三字全 33.14
骨頭，好拍鼓。 13.23

高椅坐，低椅掛　　33.07

淸面，煞人燒尻　　31.52

11 劃

做人著磨，做牛　　14.02

做生理做到剖牛　　32.01

做石磨仔心。　　34.13

做好死了上天堂　　13.27

做雞著筅，做人　　14.01

莫笑他人老，終　　24.38

貪生，怕死。　　13.31

貧而無怨難，富　　31.75

貧窮，起盜心。　　31.47

貧窮自在，富貴　　31.77

這時不比彼時，　　32.38

逐三頓，食無飯　　31.06

鳥鼠尾，促無膿　　31.36

鹿，食火灰。　　31.01

鹿耳門寄普。　　32.43

蛇愛命，鼠也愛　　11.12

啥人門口，會掛　　33.26

12 劃

割喉，無血。　　31.35

富人讀書，窮人　　31.68

富的富上天，窮　　31.67

富家一席酒，窮　　31.65

富嫌千口少，貧　　31.66

彭祖走到不死州　　13.08

散人也無散種，　　31.73

散人無富親，瘦　　31.51

散人想要富，閣　　31.53

散鬼互人驚，做　　31.71

散無散種，富無　　31.72

朝爲田舍郎，暮　　33.18

棺柴貯死，無貯　　13.13

棚頂有彼號人，　　14.10

無日不知晝，無　　24.02

無米，兼閏月。　　34.21

無風無搖，倒大　　13.15;33.32

無錢，人上驚。　　31.50

猴，迫上旗杆頂　　34.31

猴脚，猴爪。　　21.05

猴精，照日。　　31.02

粟仔若老家己開　　22.08

進無步，退無路　　34.27

雁叫一聲，散人　　31.39

雲裡，跋落月。　　33.17

飯籬吊轆鞦，鼎　　31.19

黃柏樹頂彈琴　　34.19

13 劃

搖擺，無落衰的　　32.31

圓人會扁，扁人　　14.09
塞翁失馬，焉知　　33.20
惹熊惹虎，呣通　　12.14
歲壽，該終。　　　13.06
脚踏人的地，頭　　31.32
落十八層地獄。　　34.41
葉落九洲，根同　　13.11
蜈蚣，走入狗蟻　　32.08
遊府食府，遊縣　　33.09
過年卡快，過日　　31.22
過橋卡濟你行路　　24.27
飼雞，變伯勞。　　32.15
福至，心靈。　　　34.01
福無雙至，禍不　　33.31

14 劃

寧食少年苦，不　　22.04
滿面全狗蟻。　　　34.14
賒死，卡贏現刣　　13.29
鼻孔向落，無一　　11.23

15 劃

瘦牛，相挨。　　　31.49
瘦肉，濟筋。　　　31.46
瘦狗，抓沙。　　　31.03
瘦蟳，相挾。　　　31.48
賣团無团名，賣　　31.29

16—18 劃

錢無，人著軟趖　　31.44
隨人收，隨人食　　31.05
頷頸仔生瘤一抵　　34.30
頭毛，臭雞酒味　　21.01
頭毛，嘴鬚白。　　24.01
頭代油鹽醬醋，　　32.35
槖袋仔，袋磅籽　　31.24
戴一個天，踏一　　31.31
嬒得生，嬒得死　　34.32
雙手，兩片薑。　　31.26
雙脚，挾一個卵　　31.27
雞母啼是禍，呣　　12.17
雞角啼應該，雞　　12.18

19—28 劃

蹺脚，撚嘴鬚。　　33.08
觀音媽面前，無　　11.24
戀的，猶有一項　　14.05
戀的合巧的，行　　14.06

三、語義分類查句

說明：

一、先須清楚知道，所要求的諺語，在本卷範圍內的意義分類。

二、然後，找出相關分類的「章節」；再由該「節」的「段落」查尋。例如，想要知道有關「人由何處來？」的諺語，可從「人」(11.)一節找到「人的來源」(11.01-06)這個段落；您要的諺語，可能就在第1至第6句之中。

三、號碼的意義：小數點前面的數字，表示「章節數」；小數點後面的數字，代表「句數」，例如11.01，就是「第一章第一節·第一句」的諺語。

人、人生	10.	生死	13.
人	11.	生死注定	13.01-03
人的來源	11.01-06	死為必然	13.04-09
人的構造	11.07-09	死則歸土	13.10-11
人命重要	11.10-12	死之多樣	13.12-17
人皆有用	11.13-19	死萬事休	13.18-23
人心人性	11.20-25	死的冥想	13.24-28
男女	12.	好生惡死	13.29-31
身體	12.01-03	人生觀	14.
美醜	12.04-07	努力工作	14.01-02
生命力	12.08-10	人有天澤	14.03-06
性格	12.11-14	人生多變	14.07-09
能力	12.15-20	人生如戲	14.10-11
工作	12.21-22	人有煩惱	14.12-14

人生易逝	14.15-21
及時行樂	14.22
人生階段	20.
小孩	21.
發育	21.01-04
健康	21.05-08
心智	21.09-13
品格	21.14
少年	22.
黃金年代	22.01-04
懷春樣態	22.05-08
心性特徵	22.09-14
青壯年人	23.
身體	23.01-03
家庭	23.04-05
心理	23.06-09
經驗	23.10
老人	24.
外表	24.01-04
体能	24.05-14
性格	24.15-27
心理	24.28-35
敬老	24.36-39
生涯境遇	30.
貧富	31.

生活困苦	31.01-22
缺欠空乏	31.23-38
心志衰弱	31.39-47
不被接受	31.48-53
錢財豐富	31.54-58
生活爽適	31.59-63
貧富之間	31.64-77
衰敗	32.
工作事業失敗	32.01-07
多遭意外災險	32.08-11
自然法則反常	32.12-15
作為錯誤頻繁	32.16-19
凶惡接一連三	32.20-26
歹命惡運作祟	32.27-31
家勢代代衰敗	32.32-39
家破散人流亡	32.40-43
禍福	33.
福：生活清閒	33.01-02
有所倚靠	33.03-05
物質享受	33.06-11
好命好運	33.12-15
財源富足	33.16
禍：禍福多變	33.17-20
因禍得福	33.21-22
禍事難免	33.23-27

　　未來難測　　33.28-29

　　惡運爲害　　33.30-35

甘苦　　　　34.

　　快樂　　　　34.01-05

　　困苦：　　　34.06-41

　　工作繁重　　34.06-10

　　失業之苦　　34.13-20

　　缺乏無援　　34.21-25

　　前途危難　　34.26-28

　　陷入絕境　　34.29-35

　　遭受惡報　　34.36-41

台灣宗教論集

作者：董芳苑
書號：NC44
定價：500元

　　台灣人的頭殼住著毛神仔、雨傘鬼、竹篙鬼等鬼類，不時被它們煞到、土到、沖到，常需拜請童乩、棹頭、法師、八家將、宋江陣來驅邪壓煞。

　　台灣島上也來了馬雅各醫生、甘爲霖博士、馬偕博士、戴仁壽醫生等傳教士，他們在此地救病痛、記文化、傳福音，還不時受當地人辱罵、遭統治者白眼。台灣近來更興起西式的前世今生通靈術、中式的命運天定算命術、以及中國娘家進香團，明明是歪路，卻有黑白道、政客政僧政尼等各路人馬夾道相隨。 這就是我們的宗教社會！傳統被遺忘、貢獻遭湮沒、邪道卻大張揚。

　　本書因此拿博學蘸勇氣，以宗教學家的照妖鏡手法忠實記下傳統的鬼魂信仰文化，用歷史學家的技藝替外來的奉獻者留存足跡，執文化批評家的鐵筆點名批判當前各式宗教迷思。全書立論嚴謹，敢言對錯，背後更洋溢著濃厚的台灣之愛，值得讀者細細品味。

作者簡介

　　董芳苑　神學博士
　　1937年生，台灣台南市人。
　　學歷：台灣神學院神學士、東南亞神學研究院神學碩士、香港中文大
　　　　　學崇基學院研究、東南亞神學研究院神學博士。
　　經歷：前台灣神學院宗教學教授、教務長，前教育部本土教育委員，
　　　　　前輔仁大學宗教研究所兼任教授，前東海大學宗教學研究所兼
　　　　　任教授，台灣教授協會會員，長榮大學台灣研究所兼任教授。
　　著作：除《台灣宗教大觀》《台灣人的神明》《台灣宗教論集》（以
　　　　　上皆爲前衛出版）外，尚有宗教學與民間信仰等專著三十餘
　　　　　部。

高玉樹回憶錄

作者：林忠勝撰述、吳君瑩紀錄
書號：J156
定價：350元

高玉樹（1913-2005）是台灣政壇的傳奇人物，台北市人，曾任台北市長、交通部長、政務委員、總統府資政。

戒嚴時期以無黨籍台灣人身份當選並連任台北市長，長達十一年，無畏權貴，大刀闊斧，政壇所罕見。故有「開路市長」之稱，爲台北市民留下幾條美麗道路：羅斯福路、敦化南北路、仁愛路。蔣經國延攬入閣當交通部長，是第一個非國民黨籍出任要職的台灣人。

本書記述高玉樹家世、童年、母親，東瀛讀書、工作，三十八歲開始參選從政，宦海半世紀的精彩人生。在恐怖獨裁時代，爲台灣勤奮打拚，並與外來政權鬥爭，有血有淚，有挫折有勝利的忠實記錄，也是一部傑出的口述歷史著作。

作者簡介

林忠勝

台灣宜蘭人，1941年生，台灣師範大學歷史系畢業，曾任中學、專科、大學及補習班教職二十年，學生逾五萬人。現爲宜蘭慧燈中學創辦人，曾獲頒「十大傑出教育事業家」。

1969-71年間，於中研院近史所追隨史學家沈雲龍從事「口述歷史」訪問工作，完成《齊世英先生訪問紀錄》。1990年，與李正三等人向美國政府申請成立非營利的「台灣口述歷史研究室」，從事訪問台灣耆老、保存台灣人活動足跡的工作。

吳君瑩

林忠勝的同鄉和牽手，台北師專畢業。她支持丈夫做台灣歷史的義工，陪伴訪問、攝影和整理錄音成爲文字記錄的工作。

打造亮麗人生：邱家洪回憶錄

作者：邱家洪
書號：J157
定價：450元

　　邱家洪，艱苦人出身，沒有顯赫家世、學歷，完全以苦學、苦修、考試出脫，躋身地方官場三十餘年，毅然急流勇退，恢復自由身，矢志為自己的志趣而活，為自己的理想而存在。他的人生，全靠自己親手淬鍊打造，有甘有苦、有血有淚，樸實拙然，閃著親切又綺麗的溫馨亮光。

　　第一階段（1933-1960）乃流浪到台北，備嚐失學、失業的苦楚，只得回鄉，做少年鐵路工人，但又不願一隻活活馬被綁在死樹頭，乃再北上尋夢，巧任報社特約記者，結婚後，被徵召入伍到金門戰地，是「恨命莫怨天」的生涯。

　　第二階段（1960-1975）因緣際會「吃黨飯」十五年，擔任國民黨基層黨工，每日勞碌奔波、周旋民間，因是第一線與民眾及地方派系近身接觸，使他對台灣地方政壇見多識廣、閱歷豐富，對他而言，民眾服務站的歷練，無異是一所「公費的社會大學」。

　　第三階段（1975-1993）是轉職政界、流落江湖、宦海浮沉十八年的公務員生涯，歷任省政府秘書、台中市社會局長、台中市政府主任秘書，是他一生的黃金歲月。

　　第四階段（1993起）自公職退休，無官一身輕，「回到心織筆耕的原路上」，有如脫韁野馬，馳騁文學園地，自在快意，十餘年間寫下九本著作，尤其新大河小說《台灣大風雲》二百三十萬字一氣呵成，是台灣自1940-2000年一甲子的歷史見證，獲巫永福文學獎，文壇刮目相看。

　　出版有《落英》（長篇小說），《暗房政治》、《市長的天堂》、《大審判》（以上三書是台中政壇新官場現形錄）、《謝東閔傳》、《縱橫官場》、《中國望春風》、《走過彩虹世界》、《台灣大風雲》（新大河小說）、《打造亮麗人生：邱家洪回憶錄》等書，著作豐富。

台灣：恫嚇下的民主進展

作者：布魯斯‧賀森松 （Bruce Herschensohn）
書號：J158
定價：300元

「賀森松對台灣將來命運的觀察，不但冷靜審慎，而且正確。此書具有高度的可讀性。」— Hugh Hewitt，美國脫口秀 The Hugh Hewitt Show 主持人。

「每頁都充滿重要的見識。賀森松所知道的中國和台灣，比得上任何人，而他對兩者的見識，則比他們更明智。」— D. Prager，美國新聞專欄作家及脫口秀主持人

中國有了核子飛彈可以射達美國本土，使一個中國將軍即時問道：「美國會犧牲洛杉磯來防禦台灣嗎？」。卡特總統背叛了台灣，與台灣斷交而與中國建交。雖然美國和台灣至今保持良好關係，好戰的北京卻視台灣為叛逆的一省。過去五年中，備有核武的中國，舉行了十一次軍事演習，模擬侵略台灣。在這同時，台灣關係法保證美國國會保衛台灣，這使美國是否會犧牲洛杉磯來保衛台灣，成了諸多政治情勢之一。以賀森松常年在美國和台灣之間的公務關係，他在書中敘述為何台灣會成為美國在二十一世紀外交政策決定性的舞台。

作者簡介

布魯斯‧賀森松，一九六九年，他被選為聯邦政府十大傑出青年，獲頒過國家次高的平民獎，以及其他的優異服務勛章，後來受聘為尼克森總統代理特別助理。賀森松在Maryland大學教過「美國的國際形象」，在Whittier學院榮任尼克森講座，講授「美國外交和內政政策」。1980 年，他受聘加入雷根總統交接團隊。賀森松 1992 年由共和黨提名，競選加州美國參議員，贏得四百萬票，光榮落選，比加州居民投給共和黨總統候選人的票數高出一百萬票。

賀森松是「尼克森中心」外聘的副研究員，並且是「個人自由中心」（Center for Individual Freedom）的理事。

超越黨籍、省籍與國籍
——傅正與戰後臺灣民主運動

作者：蘇瑞鏘
書號：J159
定價：350元

參與籌組中國民主黨、指導創建民主進步黨、整合中國五四精神與台灣民主實踐傳統的行動思想家、「外省籍」自由主義大師、台灣民主不朽鬥士傅正。

傅正（1927-1991），本名傅中梅，生於中國江蘇省。1950年代，他是雷震主持的《自由中國》半月刊的作者與編者；1960年5月，他又與雷震共同參與籌組中國民主黨；同年9月爆發雷震案，他亦遭當局逮捕；1986年，再度出面籌組反對黨，終於成功組成民主進步黨，成為戒嚴時期極少數參與兩次組黨的民主鬥士。

他不但是國民黨黨員，而且還是軍中「訓練政工的政工」。之後由於不滿國民黨當局違反民主的行徑，遂脫離國民黨集團。而在主編《自由中國》和參與兩次組黨的過程中，本身為「外省」籍的傅正，不斷突破「省籍」的藩籬，一再與「本省」籍民主人士攜手合作。1972年，面對臺灣外部的國際空間逐漸被中國排擠的危局，曾幫助雷震完成〈救亡圖存獻議〉，其中建議國民黨高層「從速宣布成立『中華臺灣民主國』」。而民進黨成立後通過「住民自決」的決議，其中已蘊含臺灣住民選擇放棄中華民國國籍的可能性。由此可以看出傅正在參與戰後臺灣民主運動的過程中，不斷超越既定生命格局的努力。

作者簡介

蘇瑞鏘，臺灣臺中市人，1968年出生。私立輔仁大學歷史學系學士，國立臺灣師範大學歷史研究所碩士。目前為國立政治大學歷史學系博士候選人，並任教於國立彰化高中。

主要研究方向為臺灣民主運動史與人權發展史，已出版《戰後臺灣組黨運動的濫觴——「中國民主黨」組黨運動》（臺北：國立編譯館主編，稻鄉出版社出版，2005），並發表（含待刊）學術論文及書評二十餘篇、雜文百餘篇，目前正積極撰寫博士論文。

與DNA共舞的大師
——洪伯文博士「贏的秘密」

作者：洪伯文 口述 夏秋蘋 著

書號：J160

定價：200元

◎ 是誰有本事？從嚴格的日本小學到優秀的台大醫學院都可輕鬆保持第一名？

◎ 是誰有本領？在大學生物科讓全年級同學幾乎不及格的情況下，竟然還拿到高分99分？

◎ 是誰有這等條件？在短短兩年內，就拿到通常要花七年才拿到的博士學位？

◎ 是誰讓全球最大生物科技公司Amgen創始人（生物科技界的比爾蓋茲），稱他為「教父」？

◎ 是誰有資格在聯合國組織擔任多年的顧問？

◎ 是誰兩次進出白宮，獲得美國布希總統的接見？

　　台灣之光——洪伯文博士是全球生命醫學界的奇才。是南投草屯洪氏望族的一員，外祖父吳朝宗做過日本總督府參議，父親洪耀勳畢業於東京大學，曾任台大哲學系主任。伯父洪火煉曾任省參議員、第一屆國民大會代表，堂兄洪遜欣曾任台大法律系教授、第四屆司法院大法官；洪壽南曾任高等法院台南分院首席檢察長、院長、司法院副院長及總統府資政；洪樵榕曾任第三、四屆南投縣長，家族貢獻台灣百多年。

　　洪伯文有著是比別人多一點的上進心與天賦，一路從日治時期的小學、成功中學、台大醫學院到美國密里根大學博士，讓他有不同的人生選擇，最後在一條基因改造、生物科技研究的大道上發光發熱。他的生活裡總是充滿趣味與驚奇，又處處可見一位生命醫學大師豁達的人生觀。《與DNA共舞的大師：洪伯文博士「贏的秘密」》就是紀錄這位對生命醫學界貢獻良多的洪博士之生活趣事。

　　無論發明數百種醫藥專利，或是旅遊國外所見趣聞，都可看到洪伯文博士詼諧幽默的一面，和豁達的人生觀，種種生活經驗勝利的秘訣都在書中，取決於他的人生信念，也是與您分享的果實。

風吹美麗島

作者：姚嘉文
書號：J161
定價：300元

台灣美麗島，位於西太平洋，是地球上最大陸塊與最大洋面的交叉點。

自十六世紀開始，台灣漸漸受到外面東西洋局勢演變的影響，到二十世紀開始，外界的影響越來越大。

第二次大戰結束，台灣實施軍事戒嚴，維持一黨專政。人民雖然抵抗，但無法動搖這個政權的統治。

不過，漸漸地，一陣又一陣的大風吹起，終使外來政權動搖，山河變色……

風吹台灣美麗島，引起了台灣內部外部的政治大變革，是什麼風吹來到台灣美麗島？

這風從什麼時候開始吹來？這風從什麼地方吹來？

吹來的風，是大是小，是強是弱？為什麼吹來的風會引起台灣美麗島內部外部的政治大變革呢？

吹來的風究竟如何引起政治大變革？是些什麼人在運用風力推動變革的呢？這些人如何運用風力推動變革的呢？

讓我們回過頭來看看吧！

作者簡介

姚嘉文，出生於一九三八年，台灣彰化人。

學歷：國立彰化商業職業學校、國立台灣大學法律系及法律研究所、美國加州柏克萊大學研究。

經歷：律師、輔仁大學及文化大學、台灣神學院、台南神學院副教授、台北律師公會理事、中國比較法學會（今台灣法學會）秘書長、常務理事、亞洲自由民主聯盟秘書長、民主進步黨主席、立法委員（1992～1995）、總統府資政（2000～2002）

曾任：考試院院長（2002/9/1迄2008/9/1）、國立清華大學兼任副教授、國立海洋大學兼任副教授、私立輔仁大學兼任副教授。

台灣統治與鴉片問題

作者：劉明修（伊藤潔）

書號：J162

定價：300元

　　昔日台灣頭人與阿舍子弟的高尚玩意兒，看日本殖民政府如何巧施漸進禁絕手腕。

　　從荷蘭統治時代就在台灣島上蔓延的吸食鴉片惡習，在日本統治時代被徹底根除了。一個不識鴉片爲何物的民族，竟然能夠割掉長在另一個民族身上三百多年的惡瘤！這是如何辦到的？這椿國際傳頌的殖民地傳奇，被日本總督視爲不可一世的輝煌功績，也被戰後的中國政權刻意遺忘。

　　殖民地的歷史，總是搖盪於官方文件與刻意遺忘之間，因而需要被殖民者親自來解密。本書正是第一本全面檢視這段歷史的專著，用台灣人的觀點，如實映照出日本統治者的實際功績與背後隱藏的陰暗面。後藤新平建構的鴉片漸禁政策的確了不起，也確實成功預言了解決鴉片問題的時程，但鴉片的專賣收入卻迷惑了殖民者，漸禁政策的漏洞也在日後逐漸顯現。因此，蔣渭水、台灣民眾黨幹部、杜聰明等人挺身而出，與御用紳士相抗衡。這些台灣良心的努力，因緣際會得到了國際上反鴉片煙及反日勢力的呼應……

　　經由本書開破，我們的歷史，終於清晰了起來。

作者簡介

　　劉明修（日文名：伊藤潔）

　　1937年出生，台灣宜蘭人，畢業於台中農學院（中興大學前身）。1964年赴日留學，1977年取得東京大學博士學位，專攻東亞政治史。任教杏林大學期間，與日本言論界的重量級大師田久保忠衛、平松茂雄並稱「杏林三王牌」，發表的專著具有相當大的影響力，在日本擁有極高的評價。最著名的著作除本書外，尚有《台灣》《李登輝新傳》《鄧小平傳》《香港的困境》《中國政治制度》等。他寫的《李登輝新傳》在日本大受歡迎，並引發一批李登輝的仰慕者。2006年因病辭世，生前著作及藏書計四千餘冊全數捐贈台灣的中山大學圖書館典藏。

台灣人的神明

作者：董芳苑
書號：J164
定價：480元

先考考你跟台灣神明麻吉的程度：

媽祖婆有沒有跟你講，祂在紅頭法師恭奉的「三奶夫人」中只排行第二？

查某間拜豬先生人盡皆知，但你知道祂比較喜歡聽老娼念什麼咒語嗎？

土地公旁邊那位虎爺有沒有偷偷跟你講「死貓要吊樹頭」？

經常在「上元暝」被鞭炮環身的那仙有沒有跟你說，祂其實不叫「寒單爺」？而且，祂還與阿拉有點交情？

台灣義賊廖添丁有沒有透漏是誰先爲祂立碑的？你想，有沒有可能是日本官員呢？

客家人敬愛的三山國王，有沒有說祂最喜歡哪三座山？

不知道？沒聽過？那表示你跟祂們還不夠麻吉。沒關係，本書可以幫你拉關係套交情。這裡全面搜羅了台灣民間眾神共十二類、一百多仙，每仙均附玉照、發達（成仙）經過以及在台灣的香火行情，參考資料從正史、野史、傳說、神話到扶鸞文字，無一遺漏，堪稱台灣神明的百科大全，更是你與台灣眾神談心搏感情不可或缺的開運手邊冊。

作者簡介

董芳苑 神學博士

1937年生，台灣台南市人。

學歷：台灣神學院神學士、東南亞神學研究院神學碩士、香港中文大學崇基學院研究、東南亞神學研究院神學博士。

經歷：前台灣神學院宗教學教授、教務長，前教育部本土教育委員，前輔仁大學宗教研究所兼任教授，前東海大學宗教學研究所兼任教授，台灣教授協會會員，長榮大學台灣研究所兼任教授。

著作：除《台灣宗教大觀》《台灣人的神明》《台灣宗教論集》《探索基督教信仰》（以上皆爲前衛出版）外，尚有宗教學與民間信仰等專著三十餘部。

台灣政治家：李登輝

作者：柯義耕（Richard C. Kagan）
書號：J165
定價：390元

李登輝至今最滿意的傳記
第一本深入描寫李登輝的人格、思想與信仰的生命之書
真正抓住這位台灣歐吉桑的武士性格和隱忍戰鬥精髓

　　本書一反既有的政治分析，是第一本針對李登輝的人格、思想背景、精神信仰所做的全面研究。經由深入訪談李登輝、以及李登輝身旁各陣營的長年友人，加上綜合相關的文獻、部分解密的李潔明呈美國國務院密件，作者為李登輝描繪出一幅既獨特又清晰的精神肖像。經由這番梳理，李登輝許多難以理解的過往，頓時變得脈絡分明。

　　在眾說紛紜的光影背後，在精神領袖與陰謀家的褒貶聲中，站立著一位經受掙扎、迷惘、恐懼，又展現自我超越、對這塊土地終極關懷的台灣浮士德。本書將帶領讀者穿越重重謎團，一探這位扭轉台灣歷史的大政治家的精神世界。

作者簡介

　　柯義耕（Richard C. Kagan）
　　美國漢姆萊大學（Hamline University）榮譽教授。1965-67年曾在台大的史丹福中心研究，期間結識了眾多政治及文學的異議份子，包括彭明敏、殷海光、李敖等人在內。1969年獲得賓州大學亞洲歷史博士。之後十二年間，數度來台研究民主運動。另外，他也活躍於台灣的人權議題，曾兩次在美國國會委員會和政府官員之前，為台灣當局濫用戒嚴令及美麗島事件的後續影響作證。在1981-1994年間，被台灣政府列為不受歡迎人物。之後又來到台灣，並為當時的陳水扁市長立傳。2003年獲得台灣的人權獎章。寫作範圍涵蓋北韓、中國、日本及台灣等地的人權議題，教授課程包括國際人權法及比較種族屠殺。遊歷遍及東亞及歐洲各地。

朱昭陽回憶錄

作者：林忠勝撰述、吳君瑩紀錄

書號：J166

定價：300元

　　朱昭陽（1903-2002），台北板橋人，首開日治時代台灣子弟考入競爭激烈的東京第一高等學校先河，使台灣新聞界大事報導，也因此燃起台灣人在殖民者的刻意壓迫下對教育的熱情與重視。1925年，更以一個殖民地大學生之姿連中三元，先後通過日本行政科高等文官、司法科高考及大藏省（財政部）的就職考試，創下台灣甚而是日本教育界的先例，為當時的台灣人帶來了莫大的鼓舞。

　　朱昭陽在日本的生活固然可謂平步青雲，他對母親——台灣的教育問題卻始終懷抱著豪情，二次大戰日本戰敗後，他放棄了在大藏省17年的工作，越年毅然決然地回台投身故鄉的重建，也是因為時刻以教育桑梓為念，同年9月，台灣人創辦的第一所大學——延平學院就在他與宋進英、劉明等人的奔走下誕生了。本書即欲藉著紀錄延平從大學轉變為國高中補校、中學的經歷，深刻的刻畫創辦者朱昭陽的一生。

　　從其家世、教育背景、仕途、二次大戰的爆發與結束，述及回台開辦延平學院，於經歷「二二八事件」巨變後延平的傾頹及復校，與進入合庫的公職時代等段落，循序漸進，不僅反映了時代的悲歌，也描繪出一位威武不屈的勇士圖像。

作者簡介

林忠勝

　　台灣宜蘭人，1941年生，台灣師範大學歷史系畢業，曾任中學、專科、大學及補習班教職二十年，學生逾五萬人。宜蘭慧燈中學創辦人，曾獲頒「十大傑出教育事業家」。

　　1969-71年間，於中研院近史所追隨史學家沈雲龍從事「口述歷史」的工作，完成《齊世英先生訪問紀錄》。1990年，與李正三等人向美國政府申請成立非營利的「台灣口述歷史研究室」，從事訪問台灣耆老、保存台灣人活動足跡的工作。

吳君瑩

　　林忠勝的同鄉和牽手，台北女師專畢業。她支持丈夫做台灣歷史的義工，陪伴訪問、攝影和整理錄音成為文字記錄的工作。

國家圖書館出版品預行編目資料

台灣俗諺語典，卷一·人生哲理／陳主顯著.
-- 初版. -- 台北市：前衛, 1997 [民86]
288面；15×21公分

ISBN 978-957-801-112-0(精裝)

1. 諺語 - 台灣

539.9232   86002916

台灣俗諺語典

《卷一·人生哲理》

著　　者　陳主顯

出 版 者　前衛出版社
　　　　　10468 台北市中山區農安街153號4F之3
　　　　　Tel: 02-25865708　Fax: 02-25863758
　　　　　郵撥帳號：05625551
　　　　　E-mail: a4791@ms15.hinet.net
　　　　　http://www.avanguard.com.tw

出版總監　林文欽

法律顧問　南國春秋法律事務所 林峰正律師

出版日期　1997年05月初版第一刷
　　　　　2010年08月初版第八刷

總 經 銷　紅螞蟻圖書有限公司
　　　　　台北市內湖舊宗路二段121巷28.32號4樓
　　　　　Tel: 02-27953656　Fax: 02-27954100

定　　價　新台幣300元